Eltern vor dem Familiengericht

Hans-Georg W. Voß

Eltern vor dem Familiengericht

Ein Leitfaden zur Regelung von Sorge- und Umgangsrecht

Verantwortlich im Verlag: Lisa Bender

Hans-Georg W. Voß
Darmstadt, Deutschland

ISBN 978-3-658-35847-1   ISBN 978-3-658-35848-8   (eBook)
https://doi.org/10.1007/978-3-658-35848-8

Die Deutsche Nationalbibliothek verzeichnet diese Publikation in der Deutschen Nationalbibliografie; detaillierte bibliografische Daten sind im Internet über http://dnb.d-nb.de abrufbar.

© Der/die Herausgeber bzw. der/die Autor(en), exklusiv lizenziert durch Springer Fachmedien Wiesbaden GmbH, ein Teil von Springer Nature 2022
Das Werk einschließlich aller seiner Teile ist urheberrechtlich geschützt. Jede Verwertung, die nicht ausdrücklich vom Urheberrechtsgesetz zugelassen ist, bedarf der vorherigen Zustimmung des Verlags. Das gilt insbesondere für Vervielfältigungen, Bearbeitungen, Übersetzungen, Mikroverfilmungen und die Einspeicherung und Verarbeitung in elektronischen Systemen.
Die Wiedergabe von allgemein beschreibenden Bezeichnungen, Marken, Unternehmensnamen etc. in diesem Werk bedeutet nicht, dass diese frei durch jedermann benutzt werden dürfen. Die Berechtigung zur Benutzung unterliegt, auch ohne gesonderten Hinweis hierzu, den Regeln des Markenrechts. Die Rechte des jeweiligen Zeicheninhabers sind zu beachten.
Der Verlag, die Autoren und die Herausgeber gehen davon aus, dass die Angaben und Informationen in diesem Werk zum Zeitpunkt der Veröffentlichung vollständig und korrekt sind. Weder der Verlag noch die Autoren oder die Herausgeber übernehmen, ausdrücklich oder implizit, Gewähr für den Inhalt des Werkes, etwaige Fehler oder Äußerungen. Der Verlag bleibt im Hinblick auf geografische Zuordnungen und Gebietsbezeichnungen in veröffentlichten Karten und Institutionsadressen neutral.

Titelbild: The concept of divorce © Marharyta Pavliuk/stock.adobe.com

Planung/Lektorat: Lisa Bender
Springer ist ein Imprint der eingetragenen Gesellschaft Springer Fachmedien Wiesbaden GmbH und ist ein Teil von Springer Nature.
Die Anschrift der Gesellschaft ist: Abraham-Lincoln-Str. 46, 65189 Wiesbaden, Germany

für
TINEKE

Inhaltsverzeichnis

1	**Einleitung**	1
	Literatur	4
2	**Das Familiengericht**	5
2.1	Welche Personen sind an einem Familiengerichtsverfahren zum Sorge- und Umgangsrecht beteiligt?	7
2.2	Welche Personen wirken bei der Umsetzung von Gerichtsbeschlüssen zum Sorge- und Umgangsrecht noch mit?	9
3	**Elterliche Sorge**	11
3.1	Wann kommt es zu einer familiengerichtlichen Regelung der elterlichen Sorge?	11
3.2	Wie sieht der Ablauf des Sorgerechtsverfahrens in der Regel aus?	13
3.3	Muss überhaupt nach Trennung/Scheidung das Sorgerecht für die Kinder neu entschieden werden?	15
3.4	Welche Gesetzestexte sind in Verfahren zum Sorge- und Umgangsrecht verbindlich?	16

3.5	Was ist eigentlich mit *Sorgerecht* gemeint und was gehört alles dazu?	18
3.6	Was versteht man eigentlich unter *Kindeswohl*?	20
3.7	Was gehört alles zum Kindeswohl?	23
3.8	Was versteht man unter *Erziehungsfähigkeit*?	27
3.9	Was ist mit *erzieherischer Kontinuität* gemeint?	32
3.10	Was versteht man unter dem *Förderungsprinzip*?	35
3.11	Welche Rolle spielen die Bindungen des Kindes?	37
3.12	Was versteht man unter *Bindungstoleranz* – wie wichtig ist diese?	40
Literatur		42

4 Kindeswille — 43

4.1	Wann spricht man von einem positiv bestimmten Kindeswillen?	45
4.2	Welche Rolle spielt bei Willensäußerungen das Alter des Kindes?	51
4.3	Wann entspricht der geäußerte Wille dem „wahren" Willen des Kindes – wann ist er beeinflusst oder induziert?	55
4.4	Was versteht man unter dem *Elterlichen-Entfremdungs-Syndrom*?	60
4.5	Welche Merkmale kennzeichnen PAS?	61
4.6	Was kann man zu PAS kritisch anmerken?	65
Literatur		72

5 Die Begutachtung zum Sorgerecht — 75

5.1	Welche Forderungen sind an Person und fachliche Qualifikation des Sachverständigen zu stellen?	75
5.2	Welche einzelnen Schritte umfasst der Begutachtungsprozess?	81
5.3	Psychologischen Tests und andere Methoden: Wodurch sind diese charakterisiert – was kann man kritisch dazu sagen?	87

5.4	Welche psychologischen Tests und Verfahren finden in Begutachtungen Verwendung?	95
Literatur		101

6 Umgang mit dem Kind nach Trennung und Scheidung — 103
- 6.1 Welche Personen sind umgangsberechtigt? — 104
- 6.2 Warum misslingen Umgangskontakte? — 107
- 6.3 Welche Möglichkeiten gibt es, ein Umgangsverfahren noch abzuwenden? — 109
- 6.4 Wann kommt es zu einem Umgangsverfahren? — 114
- 6.5 Was wird geregelt – welche Umgangsmodelle gibt es? — 117
- 6.6 Was ist erlaubt – was nicht? — 123
- 6.7 Was versteht man unter einem Wechselmodell? — 126
- 6.8 Was spricht für ein Wechselmodell – was dagegen? — 127
- 6.9 Das Sachverständigen-Gutachten im Umgangsverfahren — 131
- Literatur — 134

7 Fremdplatzierung und Rückführung des Kindes — 137
- 7.1 Wann kommt es zu einer Fremdplatzierung – wie kann diese abgewendet werden? — 138
- 7.2 Rückführung des Kindes zu den Eltern — 144
- 7.3 Eltern und sachverständige Begutachtung — 147
- Literatur — 155

8 Kosten des Verfahrens — 157
- 8.1 Was kostet ein Verfahren zum Sorge- oder Umgangsrecht? — 158
- 8.2 Bekomme ich Verfahrenskostenhilfe? — 162
- Literatur — 163

Stichwortverzeichnis — 165

1
Einleitung

Dieses Buch soll dazu beitragen, Eltern, die getrennt leben oder geschieden sind, über das familiengerichtliche Verfahren zur elterlichen Sorge und zum Umgang mit dem Kind zu informieren, sowie ihre Kompetenz, ihre Eigeninitiative und ihr Vertrauen auf eigene Fähigkeiten als unmittelbar Beteiligte zu fördern und zu stärken.

Es sind vor allem die folgenden Gründe und Umstände, wenn nach Trennung/Scheidung der Partner mit Kind (hier und nachfolgend bedeutet „mit Kind" auch „mit mehreren Kindern") das Wohl des Kindes in Gefahr gerät:

- Zwischen den Eltern bestehen unterschiedliche Vorstellungen über das, was für ihr Kind gut ist. Die Eltern könne sich nicht einigen und es gibt häufiger Streit über Erziehungsfragen. Besonders umstritten ist, wo der künftige Lebensmittelpunkt des Kindes sein soll;
- Die Bewältigung der mit einer Trennung/Scheidung einhergehenden Kränkung und psychischen Verwundung eines oder beider Partner bindet zu viel psychische Energie, sodass die Bedürfnisse des Kindes aus dem Blick geraten;

- Eine Form falscher „Bewältigung" besteht darin, dass das Kind noch stärker an die eigene Person gebunden wird und somit – zumindest vorübergehend – als Ersatz für den Verlust von partnerschaftlicher Nähe fungiert;
- Eine andere Form der „Instrumentalisierung" des Kindes dient dem „psychischen Gewinn" bei der Befriedigung von Rachegefühlen, indem das Kind dem anderen Elternteil entfremdet oder ganz vorenthalten wird;
- Die Eltern (oder ein Elternteil, bei welchem das Kind lebt) sind tatsächlich, aus objektiv nachvollziehbaren Gründen, nicht in der Lage, für das Wohl des Kindes zu sorgen (z. B. bei Krankheit, Alkoholismus, Kindesmisshandlung, häuslicher Gewalt oder Verwahrlosung von Personen und häuslichen Verhältnissen);
- Die Regelung der elterlichen Sorge ist zwischen den Eltern nicht strittig, wohl aber die Regelung von Umgangskontakten mit demjenigen Elternteil, bei welchem das Kind nicht dauerhaft lebt.

In allen angeführten Fällen ist das Wohl des Kindes bedroht oder das Kind ist bereits psychisch und/oder körperlich geschädigt. Ob dann familienrechtliche Maßnahmen zum Einsatz kommen oder nicht, hängt von weiteren Umständen ab. Dazu finden sich Hinweise in den nachfolgenden Kapiteln.

Die aufgeführten Szenarien betreffen einerseits das Sorgerecht allgemein, andererseits das Recht eines Elternteils, Umgang mit dem nicht bei ihm lebenden Kind zu haben, wie auch umgekehrt das Recht des Kindes auf Umgang. Da beim Umgang die Probleme etwas anders gelagert sind, werden in sogenannten *Kindschaftssachen* Angelegenheiten zum Sorge- und zum Umgangsrecht getrennt behandelt.

Im Mittelpunkt aller familiengerichtlichen Entscheidungen zur elterlichen Sorge und zum Umgangsrecht steht das *Kindeswohl*. Dessen Herbeiführung, Erhaltung und Verteidigung (der Schutz des Kindes) ist oberste Richtschnur bei der Behandlung der verschiedenen Problemgebiete und verpflichtend für alle Beteiligte im familiengerichtlichen Verfahren. Aus psychologischer Sicht – insbesondere aus Sicht der *Familienpsychologie* – ließe sich hinzufügen, dass das Wohl des Kindes auch durch das „Wohl der Eltern" oder, besser, durch das *Familienwohl* mitbestimmt wird. Der

Sachverhalt wird durch gerichtliche und außergerichtliche Maßnahmen zur Sicherung des Kindeswohls nicht gänzlich ausgeschlossen, indem auch bei Gerichtsentscheidungen (Beschlüssen) den besonderen Bedürfnissen von Eltern Rechnung getragen wird (z. B. das Recht, die Beziehung zum Kind weiterzuentwickeln und zu pflegen). Es geschieht dies jedoch immer unter dem Primat des Kindeswohls und dem Recht des schutzbedürftigen Kindes auf eine ungestörte und unbelastete Persönlichkeitsentwicklung.

Die nachfolgenden Kapitel in diesem Buch betreffen einerseits verschiedenen Abschnitte im gerichtlichen Verfahrensablauf, zum anderen geht es um eine Erläuterung und kritische Einordnung von zentralen Konzepten und Begriffen der Sorge- und Umgangsrechtsproblematik aus *rechtspsychologischer* Sicht [2].

Für Eltern, die noch vor oder am Beginn einer familiengerichtlichen Auseinandersetzung stehen, stellt sich häufig die Frage, was auf sie zukommt und mit welchen zusätzlichen Belastungen sie eventuell zu rechnen haben. Es ist durchaus sinnvoll, sich diese Frage möglichst frühzeitig zu stellen, die persönlichen Konsequenzen zu überdenken und die Möglichkeiten einer außergerichtlichen oder vorgerichtlichen Klärung (Beratung, Mediation) zu nutzen. Zu einer entsprechenden Empfehlung ist auch das Familiengericht verpflichtet, indem es auf das im Bürgerlichen Gesetzbuch (BGB) aufgeführte *Einigungsgebot* verweist, wonach Eltern, wenn sie die elterliche Sorge in eigener Verantwortung und in gegenseitigem Einvernehmen zum Wohl des Kindes ausüben, bei Meinungsverschiedenheiten versuchen müssen, sich zu einigen (§ 1627 BGB, sinngemäß). Leider entspricht es nun aber der Realität, dass die hier etwas harmlos klingenden Meinungsverschiedenheiten bereits zu einem Elternkonflikt mit hohem Streitpotential in Fragen einer künftigen Regelung der elterlichen Sorge für das Kind oder des Umgangs mit diesem nach Trennung und Scheidung herangewachsen sind. In solchen Fällen erscheint es vordringlich, dem nicht mehr vermeidbaren Verfahren vor dem Familiengericht mit Einsicht in die wichtigsten Begriffe, Prozeduren und rechtlichen Vorgaben zu begegnen und damit vielleicht das eigene Handeln und Argumentieren mit jener „Besonnenheit" auszustatten, welche geeignet ist, den Weg zu einem Einvernehmen mit dem Gegenpart und letztlich zum Wohle des Kindes zu ebnen.

Der formale Aufbau dieses Buches folgt der didaktischen Erfahrung seines Autors, wonach sich dessen Inhalt am besten aus einer

Perspektive erschließen lässt, welche dem Informationsbedürfnis von betroffenen Eltern am besten entspricht. Den acht Kapiteln des Buches sind deshalb abschnittsweise jeweils Fragen zugeordnet, von denen angenommen wird, dass sie von Eltern häufig gestellt werden. Das Spektrum der Fragen erstreckt sich über die aus Sicht des Autors wichtigsten Sachverhalte und Einzelprobleme, angefangen mit der Funktion des Familiengerichts und den beteiligten Personen, bis hin zu der Frage einer Kostenübernahme durch die Staatskasse, die sog. Gerichtskostenhilfe.

Die Kapitel des Buches beschränken sich auf Themen zum Sorge- und Umgangsrecht, einschließlich der Rückführung des Kindes in den elterlichen Haushalt nach vorheriger Fremdunterbringung. Einige weitere Sachgebiete, bei denen Eltern gleichfalls „vor dem Familiengericht" stehen – Adoption, Namensänderung, Lebenspartnerschaften, Unterhaltssachen, Vermögenssachen – werden in diesem *Leitfaden* nicht behandelt.[1] Themenübergreifend werden in zwei Kapiteln des Buches zwei zentrale Problembereiche näher erläutert, welche im gerichtlichen Verfahren eine besondere Position einnehmen: der *Kindeswille* (als zu würdigender Gesichtspunkt bei Entscheidungen) und die *Begutachtung* durch den (psychologischen) *Sachverständigen* (häufig Anlass zu profunder wie auch zu ungerechtfertigter Kritik).[2]

Literatur

1. Bundesarbeitskreis Adoptions- und Pflegekindervermittlung (2007). *Adoption aus verschiedenen Perspektiven.* Schulz-Kirchner.
2. Dettenborn, H., & Walter, E. (2016). *Familienrechtspsychologie.* Reinhardt.
3. Tewes, U. (2016). *Psychologie im Familienrecht – Zum Nutzen oder Schaden des Kindes?* Springer.
4. Walter, E. (2008). Adoption. In R. Volbert & M. Steller (Hrsg.), *Handbuch der Rechtspsychologie* (S. 563–573). Hogrefe.

---

[1] Zu *Adoption* s. [1, 4].
[2] Dazu z. B. [3].

2

Das Familiengericht

Das *Familiengericht* ist eine Abteilung innerhalb eines *Amtsgerichts* und damit kein eigenständiges Gericht. Entscheidungen werden nicht durch Urteile, sondern durch Beschlüsse gefällt. Zuständig ist das Familiengericht ausschließlich für rechtliche Probleme, welche die Familie betreffen. Dazu gehören Ehescheidungen, Sorgerechtsangelegenheiten, Umgang mit dem Kind, Adoptionssachen, Namensänderungen, Vermögenssachen.

Entscheidungen werden in der Regel durch einen Einzelrichter getroffen, es gibt keine Schöffen. Wird hier von „dem Gericht" gesprochen, so ist dies gleichbedeutend mit Richter oder Richterin. Familiengerichte geben sich „volksnah", die Richter und Richterinnen erscheinen oftmals nicht in ihrer Berufskleidung (Robe), so auch die Rechtsanwälte. Eine besondere Sitzordnung gibt es in der Regel nicht, Richter sitzen hinter einem Schreibtisch, davor meist nur an einem Tisch alle anderen Beteiligten. Die Verhandlungen finden häufig im Dienstzimmer statt und es ist oftmals recht eng. Die Sitzungen sind nicht öffentlich, vom Gericht kann aber Öffentlichkeit hergestellt werden, wenn das beantragt wird und niemand dagegenspricht.

Entscheidungen des Familiengerichts werden – als sogenannte Endentscheidungen – in Form von *Beschlüssen* gefällt (es gibt keine „Urteile" wie in Strafprozessen). Gegen diese kann Beschwerde eingelegt werden. Hilft das Familiengericht der Beschwerde nicht ab, wird als nächste Instanz das *Oberlandesgericht (OLG)* für den betreffenden Gerichtsbezirk angerufen. Es kann neue Maßnahmen beschließen (z. B. auch ein neues Gutachten anordnen). Die Beschlüsse von Oberlandesgerichten haben oftmals Auswirkungen, welche über den einzelnen behandelten Fall hinausgehen; die Entscheidungen haben dann einen „normativen Charakter", indem sie die Auslegung der rechtlichen Normen und die weitere Behandlung gleicher oder ähnlicher Fälle zukünftig bundesweit mitbestimmen.

Eher selten wird es zu einer Anrufung weiterer Instanzen wie dem Bundesgerichtshof *(BGH)*, dem *Bundesverfassungsgericht (BVerfG)* oder – als letztmögliche Instanz – dem *Europäischen Gerichtshof (EUGH)* kommen, wenn Entscheidungen zu eher grundsätzlichen rechtlichen Fragen anstehen, oder wenn sich eine Person in ihren Grundrechten verletzt sieht und die Anrufung der höheren Instanzen zulässig ist.

Bei der Scheidung kann ein Ehegatte beantragen, dass die elterliche Sorge für ein gemeinsames Kind oder das Umgangsrecht für einen Elternteil oder die Herausgabe eines Kindes im Rahmen des Scheidungsverfahrens gleich miterledigt wird; es handelt sich dann um eine *Scheidungsfolgesache*. Das Familiengericht muss dem nicht entsprechen und kann beschließen, dass diese zu regelnden Sachverhalte vom Scheidungsverfahren abgetrennt und als selbstständige Verfahren fortgeführt werden. Es handelt sich dann um (isolierte) *Kindschaftssachen*. Das ist in der Regel immer dann der Fall, wenn die Eltern sich bezüglich einer Regelung der Sorge und des Umgangs nicht einigen können. Die Unterscheidung ist insofern wichtig, als für das abgetrennte Verfahren nun keine anwaltliche Vertretung (mehr) vorgeschrieben ist. Hat das Familiengericht in der Scheidungssache einmal darauf erkannt, dass das Wohl des Kindes gefährdet ist, können die Eltern das abgetrennte Verfahren nicht einfach dadurch beenden oder verhindern, indem sie ihren Scheidungsantrag zurückziehen. Das Verfahren wird als selbstständige Familiensache fortgeführt, es ist damit ein *Amtsverfahren*.

Für jedes Verfahren wird eine Akte angelegt. Das Aktenzeichen verrät, um welche Art des Verfahrens es sich handelt. In dem Beispiel 98 F 356/21 UG handelt es sich um ein Verfahren zur Regelung des Umgangs (UG) durch die Richterin mit der Nummer 98 in der Familiensache F und mit der Vorgangsnummer 356 aus dem Jahre 2021. Für Sorgerecht steht am Ende SR; stehen vor UG oder SR noch die Buchstaben EA, so handelt es sich um ein Verfahren im Rahmen einer *Einstweiligen Anordnung* (vorläufiger Beschluss bzw. vorläufige Anordnung zum Schutz des Kindes, wenn eine akute Gefahrensituation besteht).

Haben Sie ein Scheidungsverfahren beantragt, dann empfiehlt es sich, die Angelegenheiten, die das Kind betreffen (u. a. elterliche Sorge, Umgang) gleich mitzuerledigen. Das setzt voraus, dass Sie sich mit ihrem Noch-Ehepartner darüber geeinigt haben. Es würde viel Zeit und Energie sparen, da das dann folgende (selbständige) Verfahren für Kind und Eltern höchstwahrscheinlich belastend sein wird. Ein gesondertes Verfahren zur Regelung der elterlichen Sorge und des Umgangs kann auch nach erfolgter Scheidung zu jedem Zeitpunkt (neu) eingeleitet werden, wenn eine Gefährdung des Kindeswohls droht.

2.1 Welche Personen sind an einem Familiengerichtsverfahren zum Sorge- und Umgangsrecht beteiligt?

Die „Mindestbesetzung" in einem familienrechtlichen Verfahren besteht aus den Eltern und dem Familienrichter.[1] Darüber hinaus können noch weitere *Beteiligte* (so der Fachausdruck) hinzukommen: Rechtsanwälte mit dem Spezialgebiet Familienrecht und Vertreter des zuständigen Jugendamtes (auf Antrag).

Eine besondere Position als Beteiligter nimmt auch der *Verfahrensbeistand* (früher auch Verfahrenspfleger genannt) ein. Dieser vertritt im

---

[1] Gemäß den Vorgaben des Verlages wird hier und im Folgenden das *generische masculinum* verwendet.

Verfahren als „Anwalt des Kindes" die Interessen des Kindes. Der Verfahrensbeistand wird vom Gericht fast immer in Sorge- und Umgangsrechtsfällen eingesetzt, da davon ausgegangen wird, dass das Kind – im Spannungsfeld der elterlichen Auseinandersetzung – eine zusätzliche Vertrauensperson benötigt, welche ihm zur Seite steht. Der Verfahrensbeistand ist bei der gerichtlichen Anhörung des Kindes dabei, er hat durch vorausgehende Hausbesuche beim Kind bereits nach Möglichkeit eine vertrauliche Beziehung zum Kind aufgebaut. Auch er ist dem Kindeswohl verpflichtet, ein Schwerpunkt seiner Tätigkeit wird jedoch darin gesehen, dass er den Willen des Kindes erkundet und zur Geltung bringt – auch eventuell in Opposition zu den Eltern. Der Verfahrensbeistand ist somit nicht zur Objektivität oder Überparteilichkeit verpflichtet; er kann seine Einschätzung der Lage des Kindes und dessen Interessen und Bedürfnissen durchaus aus seiner subjektiven Sicht darlegen. Der Verfahrensbeistand ist gegenüber dem Familiengericht unabhängig, das Gericht kann ihm auch keine Weisungen erteilen. Er kann gegen Beschlüsse des Gerichts Beschwerde einlegen oder auch einen Sachverständigen wegen Befangenheit ablehnen. Bei Umgangsvereinbarungen, welche die Eltern ohne Mitwirkung des Gerichts im laufenden Verfahren abschließen, muss der Verfahrensbeistand zustimmen, damit die Vereinbarung eventuell vom Gericht genehmigt werden kann.

Der Verfahrensbeistand wird in der Regel zu einem möglichst frühen Zeitpunkt im Verfahren Gespräche mit den Eltern und dem Kind im Rahmen eines Hausbesuches führen und deren wesentlichen Inhalt zusammen mit seiner Einschätzung in einem schriftlichen Bericht zur Akte geben. Für Eltern ist es wichtig, den Verfahrensbeistand nicht als einen Konkurrenten zu sehen; er hat keine Elternrechte (Erziehung, Betreuung), sein Auftrag umfasst jedoch auch den Schutz des Kindes im laufenden Verfahren, sodass er Empfehlungen für bestimmte Maßnahmen treffen kann, darunter die Bestellung eines Gutachtens.

Nicht unmittelbar „beteiligt" ist eine weitere Person, welche vom Familiengericht hinzugezogen werden kann: der *Sachverständige*. Seine Aufgabe ist es, bestimmte Fragen des Gerichts aus fachkundiger Sicht zu beantworten. Die Rolle und Funktion des (psychologischen) Sachverständigen in Familiengerichtsverfahren ist zwar durch entsprechende Gesetzesvorlagen geregelt – er ist und bleibt ein Hilfsorgan des Gerichts -, seine Expertise (in der Regel in Form eines schriftlichen Gutachtens) ist aber aufgrund ihrer Bedeutung für die Entscheidungsfindung des Gerichts häufig ein weiterer Streitgegenstand („heimlicher Richter"). Da Eltern unmittelbar am Begutachtungsprozess beteiligt sind, kommt einer verständigen und kritischen Haltung zu den gutachterlichen Maßnahmen besondere Bedeutung zu.

2.2 Welche Personen wirken bei der Umsetzung von Gerichtsbeschlüssen zum Sorge- und Umgangsrecht noch mit?

Am Verfahren nicht unmittelbar beteiligt, kommen weitere Personen und Institutionen zum Einsatz, nachdem vom Gericht ein entsprechender Beschluss erfolgt ist. Ihre Aufgabe ist es, die Endentscheidung umzusetzen oder auch weitere Hilfe in Erziehungsangelegenheiten zu gewähren, beispielsweise im Rahmen einer *Sozialpädagogischen Familienhilfe (SPFH)* nach *Sozialgesetzbuch (SGB 8)*. Die Hilfepersonen sind Angehörige von kommunalen oder privaten Einrichtungen der Kinder- und Jugendlichenhilfe (Sozialer Dienst des Jugendamtes, Caritas, private sozialpädagogische Einrichtungen). Eine SPFH kann auch unabhängig von einem Familiengerichtsverfahren bereits vor dessen Anrufung eingesetzt werden, oftmals mit dem Ziel, ein Gerichtsverfahren gar nicht erst erforderlich zu machen (zuständig dafür ist in jedem Fall das Jugendamt).

Speziell für die Umsetzung von Maßnahmen zur konfliktfreien Abwicklung von Umgangskontakten werden der Umgangspfleger (mit erweiterten Kompetenzen der *Ergänzungspfleger*) und für die Begleitung der Umgänge der *Umgangsbegleiter* eingesetzt. Wie der Sachverständige, sind sie gegenüber dem Gericht auskunftspflichtig. Kommt es zu einer Herausnahme des Kindes aus der Familie und dessen Unterbringung in eine Pflegefamilie oder ein Heim, liegt die Zuständigkeit für die Alltagssorge bei einem *Pfleger* oder auch *Vormund* (in der Regel das Jugendamt). Befindet sich das Kind in einer Pflegefamilie, können auch die *Pflegeeltern* am Verfahren mitwirken.

3
Elterliche Sorge

Die Regelung der elterlichen Sorge im Falle einer Trennung/Scheidung der Eltern gehört zu den häufigsten und schwerwiegendsten Eingriffen in die persönliche Autonomie von Eltern. Dabei ist es häufig nicht einmal das allgemeine Sorgerecht beider Eltern, welches aus ihrer Sicht besonders strittig ist; ganz obenan steht für Eltern die Frage, wo der zukünftige Lebensmittelpunkt des Kindes sein wird, wo das Kind künftig wohnen wird. Das *Aufenthaltsbestimmungsrecht* ist ein Teilbereich des allgemeinen Sorgerechts. Für eine gemeinsame Lebensgestaltung von Eltern und Kindern ist es von größter Bedeutung.

3.1 Wann kommt es zu einer familiengerichtlichen Regelung der elterlichen Sorge?

In der folgenden Aufzählung werden die am häufigsten vorkommenden Konstellationen zuerst genannt:

- Beide Eltern bleiben auch weiterhin sorgeberechtigt, nur über einen Teil des Sorgerechts, nämlich das Recht, den permanenten Aufenthaltsort des Kindes zu bestimmen *(Aufenthaltsbestimmungsrecht)* soll entschieden werden (damit oft verbunden andere Teile des Sorgerechts, wie das Recht auf Gesundheitsfürsorge und das Recht, Anträge für das Kind zu stellen oder Geschäfte für das Kind zu erledigen).
- Beide Eltern sind sorgeberechtigt, ein Elternteil möchte das *alleinige Sorgerecht*.
- Der nicht-sorgeberechtigte Elternteil beziehungsweise der vom Kind permanent getrenntlebende Elternteil (bei weiterbestehender gemeinsamer Sorge) möchte eine Regelung seines Umgangs mit dem Kind entweder (neu) herbeiführen oder abändern *(Umgangsrecht)*. Auch der sorgeberechtigte Elternteil möchte eventuell die Umgangskontakte mit dem anderen Elternteil abändern oder gänzlich einstellen.
- Nur ein Elternteil hat das Sorgerecht und will dieses auch behalten. Der andere möchte, dass das gemeinsame Sorgerecht zuerkannt wird oder möchte selbst das alleinige Sorgerecht.
- Das Jugendamt oder eine andere Person/Institution teilt dem Familiengericht mit, dass es Anhaltspunkte für eine Gefährdung des Kindes (bei ausgeübter elterlicher Sorge) gibt.
- Das Jugendamt beantragt eventuell eine Fremdunterbringung des Kindes in eine Pflegeeinrichtung (Heim, Pflegefamilie) – oder das Kind wurde bereits im Zuge einer Sofortmaßnahme herausgenommen.
- Das Kind befindet sich seit einiger Zeit in einer Pflegeeinrichtung, ein Elternteil oder beide Eltern möchten ihr Kind in ihren Haushalt zurückholen.

Die nachfolgenden Abschnitte enthalten Hinweise und Empfehlungen zu einzelnen Fragen, die sich aus den hier genannten Ausgangssituationen ergeben. So steht am Anfang meist der Antrag beim Familiengericht. Was ist noch vor Antragstellung zu beachten? Muss das Jugendamt eingeschaltet werden? Kann ich selbst den Antrag beim Familiengericht stellen, oder braucht es dazu einen Anwalt für Familienrecht? Wie sieht der weitere Verfahrensablauf aus? Welche Aufgaben haben die einzelnen Beteiligten im Verfahren? Was heißt überhaupt „Kindeswohl"? Kann ich von einem Umgang mit dem Kind ausgeschlossen werden? Kann ich selbst den zeitlichen Umfang und die Häufigkeit eines Umgangs mit dem Kind bestimmen? Was kann ich tun, um das Kind in meinen Haushalt zurückzuholen? Welche Kosten entstehen für mich und kann ich diese erstattet bekommen? Diese und andere Fragen werden in den folgenden Kapiteln und Abschnitten behandelt.

Ist der Entschluss für eine Trennung und/oder Scheidung erst einmal gefallen, so fragen sich Eltern oftmals, *ob eine gerichtliche Entscheidung zum Sorgerecht auf jeden Fall erforderlich ist*. Die Antwort lautet: nein. Falls von den Eltern kein Antrag gestellt wird oder es vonseiten des Jugendamtes oder anderweitig keine Hinweise auf eine Kindeswohlgefährdung gibt, bleibt es einfach bei der bereits vor Trennung/Scheidung vorhandenen Regelung (s. a. unten Abschn. 3.3).

3.2 Wie sieht der Ablauf des Sorgerechtsverfahrens in der Regel aus?

Ausgangspunkt ist ein Antrag auf Übertragung bzw. Abänderung (oder auch Entzug) des Sorgerechts oder eines Teilbereiches der elterlichen Sorge. Auch kann das Familiengericht ein Verfahren *von Amts wegen* in Gang bringen, wenn es Anhaltspunkte für eine Gefährdung des Kindeswohls hat.

Das Familiengericht reagiert schriftlich mit der Bestätigung des Eingangs des Antrages. Es setzt einen Termin – möglichst innerhalb eines Monats – für die erste Anhörung der Beteiligten fest und holt in der Zwischenzeit eine Stellungnahme des *Jugendamtes* ein. Stellt das Jugendamt einen Antrag, als Beteiligter im Verfahren mitzuwirken (das ist in der Regel der Fall), nehmen an allen Sitzungen des Gerichts auch Vertreter des Jugendamtes teil. Sind die Eltern sehr zerstritten und bekommt das Kind vieles mit, dann bestellt das Familiengericht einen *Verfahrensbeistand* als „Anwalt des Kindes" (es ist meist ein Rechtsanwalt oder eine Sozialpädagogin). Dieser hat die Aufgabe, dem Kind im Verfahren beizustehen. Die Eltern können einen *Rechtsanwalt* zur Vertretung ihrer Interessen beauftragen. Da sie ja streiten, sind es dann meistens zwei Anwälte für Familienrecht. Das Familiengericht – immer vertreten durch eine *Richterin* oder einen *Richter* – versucht nun, eine Einigung zwischen den Eltern oder zwischen Eltern und Jugendamt (wenn es z. B. um eine Fremdunterbringung des Kindes geht) zu erreichen. Gibt es keine Einigung und ist die Sachlage undurchsichtig (das heißt, es ist nicht klar, was für das Kind die beste Lösung ist), kann das Familiengericht einen psychologischen *Sachverständigen* beauftragen, ein Gutachten zu erstellen. Bis zur Fertigstellung des (schriftlichen) Gutachtens – das können einige Monate sein – ruht das Verfahren zumeist. Alle Beteiligten erhalten das Gutachten in Abschrift und es wird ihnen eine Frist gesetzt für Einwendungen, welche schriftlich oder in der nachfolgenden Sitzung des Familiengerichts vorgebracht und erörtert werden können. Auch der Verfahrensbeistand und das Jugendamt werden angehört. Eine Anhörung des Sachverständigen kann vom Familiengericht auch auf Antrag der sonstigen Beteiligten angeordnet werden. Das Familiengericht kann den Sachverständigen auffordern, zu kritischen Anmerkungen der Beteiligten vorab schriftlich Stellung zu nehmen. Falls geladen, erläutert der Sachverständige in der Sitzung des Familiengerichts sein Gutachten und nimmt zu Fragen Stellung. Ist das Gutachten fehlerhaft oder der Sachverständige befangen (parteilich), kann das Gericht einen neuen Sachverständigen benennen und ein neues Gutachten einholen. Das Familiengericht versucht weiterhin, ein Einvernehmen zwischen den Beteiligten herzustellen. Es kann auch noch in der Gerichtsverhandlung eine *Vereinbarung* zwischen den streitenden Parteien getroffen werden. Eine solche wird schriftlich zu Protokoll gegeben und eventuell „familiengerichtlich genehmigt". Eine weitere Entscheidung des Gerichts („Endentscheidung") ist dann nicht mehr erforderlich. Ansonsten fällt das Gericht einen *Beschluss.* Dieser wird den Beteiligten schriftlich zugesandt (es braucht dazu keine erneute Sitzung). In dem Beschluss findet sich auch der Hinweis auf die Möglichkeit, einen Einspruch gegen den Beschluss einzulegen, sowie die Kostenentscheidung. Legen die Beteiligten (Eltern, aber auch der Verfahrensbeistand oder das Jugendamt) innerhalb einer gesetzten Frist (in der Regel ein Monat nach Erhalt des schriftlichen Beschlusses) Einspruch/Beschwerde gegen den Beschluss ein, wird eine gesondertes Beschwerdeverfahren bei dem für den Gerichtsbezirk zuständigen Oberlandesgericht eingeleitet. Dieses „Beschwerdegericht" kann dann erneut in eine Beweisaufnahme (z. B. Anhörung des Kindes und weiterer Beteiligter) eintreten, oder auch nur aufgrund der Aktenlage entscheiden.

3.3 Muss überhaupt nach Trennung/Scheidung das Sorgerecht für die Kinder neu entschieden werden?

Die Antwort lautet: nein und – wie so oft – es kommt darauf an. Eltern, die bei Geburt des Kindes verheiratet sind oder die Adoptiveltern sind, erhalten sozusagen automatisch das gemeinsame Sorgerecht. Bei Scheidung oder Trennung bleibt es einfach dabei. Die Regelung der elterlichen Sorge ist dann nicht Gegenstand des Scheidungsverfahrens, wenn zwischen den sorgeberechtigten Personen Einvernehmen besteht (d. h. es wird kein Antrag gestellt) und es „von außen", etwa seitens des Jugendamtes, keine Hinweise auf eine Kindeswohlgefährdung gibt. Im Ehescheidungsverfahren ist von den Eltern lediglich anzugeben, ob Kinder vorhanden sind, deren persönliche Daten und deren Status (Alter, Geschlecht, leibliches Kind, Adoptivkind) und ob eventuell das Sorgerecht, abweichend von der gemeinsamen elterlichen Sorge, geregelt ist. Das Familiengericht wird in der Regel nachfragen und es kann Ermittlungen zur Überprüfung des Kindeswohls einleiten, wenn entsprechende Hinweise gibt oder wenn Zweifel an der Darstellung der Eltern bestehen.

Finden sich Hinweise auf eine Kindeswohlgefährdung – diese können, wie bereits gesagt, auch „von außen" kommen (Jugendamt, Kinderschutzbund, oder auch von Privatpersonen wie zum Beispiel Nachbarn, dem Kinderarzt oder Familienangehörigen) -, so wird das Gericht, welches in der Ehescheidung zuständig ist, ein Verfahren in einer sogenannten *Kindschaftssache* auf den Weg bringen. Die Unterscheidung *Ehesache* und *Kindschaftssache* ist wichtig, da für beide Verfahren zum Teil unterschiedliche rechtliche Vorgaben und Verfahrensabläufe gelten.

3.4 Welche Gesetzestexte sind in Verfahren zum Sorge- und Umgangsrecht verbindlich?

Gesetzliche Vorgaben zur Regelung von Sorge und Umgang unterliegen einem kulturellen und gesellschaftlichen Wandel und müssen deshalb entsprechend angepasst werden – oftmals mit erheblicher Verspätung. Insbesondere die verschiedenen Reformen im Bereich des Kindschaftsrechts basieren auf einer veränderten Sichtweise vom Kind und seinen „wohlverstandenen" Interessen, welche vom Bundesverfassungsgericht sogar über die Elterninteressen gestellt werden, wenn sich zwischen beiden ein Konflikt ergibt [1, S. 75].

> **Die wichtigsten Gesetzestexte**
> - *Gesetz über das Verfahren in Familiensachen und in den Angelegenheiten der freiwilligen Gerichtsbarkeit (FamFG)* (2. Buch, §§ 151-168a) [https://www.gesetze-im-internet.de/famfg/BJNR258700008.html]
> - *Bürgerliches Gesetzbuch (BGB)Gesetzbuch (BGB) Abschnitt Familienrecht* (Buch 4, Abschn. 2, Titel 5 „Elterliche Sorge", §§ 1626-1698b) [https://www.gesetze-im-internet.de/bgb/BGB.pdf]
> - *Sozialgesetzbuch 8 (SGB-8) oder Kinder- und Jugendhilfe Gesetz (KJHG)* [https://www.gesetze-im-internet.de/sgb_8/BJNR111630990.html]
> - *Zivilprozessordnung (ZPO)* [https://www.gesetze-im-internet.de/zpo/BJNR005330950.html]

Von den aufgeführten Gesetzen enthält das ab September 2009 geltende *FamFG* die für Ehescheidungs- und Kindschaftssachen maßgeblichen Bestimmungen. Es hat die früher gültigen Gesetzesnormen neu gefasst, ergänzt und erweitert – und es sollte vor allem eine Vereinfachung des Verfahrensablaufes (hier in Verbindung mit der *ZPO*) und eine bessere Verständlichkeit der Texte erbringen. Besonders der letzte Gesichtspunkt wurde von dem Gedanken getragen, dass auch juristisch nicht besonders vorgebildete Personen in der Lage sein sollen, sich verständig auf die einzelnen Bestimmungen einzulassen. (Ob dies umfassend gelungen ist, wird jedoch von manchen Juristen angezweifelt). [5] Ein weiterer wichtiger Gesichtspunkt bei der Abfassung der Gesetzestexte war der für *Kindschaftssachen* zentrale Grundgedanke, dass bei den Regelungen allein das Wohl des Kindes im Mittelpunkt zu stehen hat und etwa (noch) vorhandene andere Streitthemen der Eltern, welche letztlich zum Scheitern der Ehe oder der Beziehung beigetragen haben, sozusagen „außen vor" zu bleiben haben. Es wird somit nicht „Der Kampf um das Kind" vor dem Familiengericht ausgetragen, es geht allein darum, eine Regelung zu finden, welche den wohlverstandenen Interessen des Kindes dienlich ist oder eine Gefährdung des Kindes verhindert. Ausdruck dieser gegenüber früheren Verfahren geänderten Grundhaltung ist eine besondere *Sprachregelung*, wenn etwa Vorschriften der *Zivilprozessordnung (ZPO)* zur Anwendung kommen: *Prozess* oder *Rechtsstreit* heißt jetzt (in Familiengerichtsverfahren) *Verfahren*, *Klage* wird zu *Antrag*, *Kläger* zu *Antragsteller*, *Beklagter* zu *Antragsgegner* und anstelle von *Partei* tritt die Bezeichnung *Beteiligter*.

Als Richtschnur für die Ausarbeitung der Gesetzesnormen des FamFG diente das Bürgerliche Gesetzbuch, welches selbstverständlich seine Gültigkeit in den betreffenden Abschnitten behält und – genauso selbstverständlich – fußen beide wiederum auf dem *Grundgesetz* (insbesondere Artikel 6 zum Schutz der Familie).

Das KJHG (bzw. SGB 8) enthält die wesentlichen Regelungen zum Kinder- und Jugendschutz, zur Jugendarbeit, den Kindereinrichtungen und den Hilfen zur Erziehung und zur Beratung in Trennungs- und Scheidungsangelegenheiten. In familienrechtlichen Angelegenheiten kommen Maßnahmen nach KJHG in der Regel erst zum Einsatz, wenn das Familiengericht einen Beschluss gefasst hat oder die Beteiligten sich anderweitig geeinigt haben.

> In Verhandlungen vor dem Familiengericht sollten Sie zeigen, dass auch für Sie das Kind im Mittelpunkt aller Überlegungen steht. Vermeiden Sie deshalb Aussagen über sich selbst und den Partner oder der Partnerin, wenn diese keinen unmittelbaren Bezug zum Kind haben. Vermeiden Sie die Verwendung von Begriffen aus der partnerschaftlichen „Kriegsführung".

3.5 Was ist eigentlich mit *Sorgerecht* gemeint und was gehört alles dazu?

Eltern sorgen für ihre Kinder und sie machen sich manchmal auch Sorgen über ihre Kinder. Fürsorge und Besorgtheit gehören gleichermaßen zu dem „Inventar" einer Elternschaft, wie auch in den Beziehungen zu anderen nahestehenden Menschen generell. Allgemein lässt sich elterliche Sorge als ein verantwortungsvolles Handeln zum Wohle des Kindes umschreiben, indem Eltern den leiblichen, psychischen und sozialen Bedürfnissen des Kindes gerecht werden, sowie Schutz bieten und Gefahren abwehren. Eltern sind somit einerseits zur Ausübung der Sorge berechtigt, sie sind aber andererseits auch dazu verpflichtet. Dem Staat mit seinen dem Wohl des Kindes verpflichteten Institutionen (Jugendamt, Familiengericht) kommt dabei die Aufgabe zu, über die Einhaltung der Pflicht zur Sorge und Erziehung und über deren – wiederum am Kindeswohl orientierten – Umsetzung in elterliches Handeln zu wachen. So heißt es in Artikel 6 Absatz 2 des Grundgesetzes: „Pflege und Erziehung der Kinder sind das natürliche Recht der Eltern und die zuvörderst ihnen obliegende Pflicht. Über ihre Betätigung wacht die staatliche Gemeinschaft." Es ist dies die gesetzliche Grundlage für alle nachfolgenden Gesetzesnormen, die das Verhältnis zwischen Eltern und Kindern betreffen – und somit auch die Grundlage für ein Eingreifen der staatlichen Gemeinschaft in Konfliktfällen zum Nachteil des Kindes. So heißt es im § 1627 BGB zur *Ausübung der elterlichen Sorge:* „Die Eltern haben die elterliche Sorge in eigener Verantwortung und im gegenseitigen Einvernehmen zum Wohl des Kindes auszuüben. Bei Meinungsverschiedenheiten müssen sie versuchen, sich zu einigen." Das Einigungsgebot – oder besser der Versuch dazu – wird den streitenden Eltern somit als Verpflichtung aufgegeben. Das Familiengericht kann auch hier zunächst, bei ungenügenden oder fehlenden Versuchen, auf die Inanspruchnahme von Beratung oder Mediation hinwirken, allerdings zu deren Durchsetzung keine Zwangsmittel verfügen.

Es soll nicht übersehen werden, dass das „Wächteramt des Staates" aus Sicht betroffener Eltern zuweilen als Bedrohung oder gar

Negierung ihres Rechtes auf Sorge und Erziehung empfunden wird, insbesondere, wenn eine Fremdunterbringung des Kindes (Pflegefamilie, Heim) droht. Auch hier ist wiederum der Artikel 6 des Grundgesetzes maßgeblich, wo es heißt: „Gegen den Willen der Erziehungsberechtigten dürfen Kinder nur aufgrund eines Gesetzes von der Familie getrennt werden, wenn die Erziehungsberechtigten versagen oder wenn die Kinder aus anderen Gründen zu verwahrlosen drohen" (Absatz 3). Hier war es die Aufgabe der Rechtsprechung, einer missbräuchlichen Ausübung der elterlichen Sorge durch entsprechende Gesetzesnormen entgegenzuwirken und die Einzelrechte und Pflichten der Eltern näher zu bestimmen.

Das bisher Gesagte betrifft vor allem die elterliche Sorge für das Kind als Person; man spricht dann von der *Personensorge*. Es gibt aber noch weitere Gesichtspunkte bei der Sorge, die gesetzlich abgesichert sind. Dazu gehört die Sorge um das eventuell vorhandene Vermögen des Kindes *(Vermögenssorge),* sowie die Vertretung des Kindes in Angelegenheiten, die dieses unmittelbar betreffen (beispielsweise Anträge bei Behörden stellen). Die Ausführungen in diesem Buch betreffen allein die Personensorge. Diese ist wiederum in verschiedene *Bereiche* aufzuteilen, deren Bedeutung für das Zusammenleben von Eltern und Kindern durchaus unterschiedlich zu gewichten ist. Am häufigsten sind Anträge auf Zuerkennung des *Aufenthaltsbestimmungsrechts,* wohingegen andere Bereiche des Sorgerechts – Entscheidungen in Angelegenheiten von elementarer Wichtigkeit für das Kind (z. B. der Besuch einer bestimmten Schule) oder notwendige medizinische Eingriffe – oftmals weniger strittig sind, zumal sie nicht allzu häufig vorkommen. Derjenige Elternteil, bei dem das Kind künftig seinen Lebensmittelpunkt haben wird oder beibehalten wird, ist dann (bei gemeinsamer elterlicher Sorge) auch befugt, in Angelegenheiten des alltäglichen Lebens allein zu entscheiden. Es betrifft dies alle Entscheidungen, die häufig vorkommen (z. B. Freunde besuchen, Fehlzeiten in der Schule entschuldigen, Freizeitaktivitäten, sportliche Aktivitäten) und die keine schwerwiegenden oder nachhaltigen Auswirkungen auf die Entwicklung des Kindes haben. Auch wenn das Kind sich beim anderen Elternteil vorübergehend aufhält, hat dieser dann das Entscheidungsrecht in alltäglichen Angelegenheiten. Zu den Befugnissen gehört auch die allgemeine Gesundheitsfürsorge (Arztbesuche, Kontrollen), allerdings kann diese, wenn es sich um schwerwiegendere Eingriffe (Operationen) handelt und die Eltern sich nicht einigen können, vom Familiengericht auch separat einem Elternteil zugesprochen werden. Das Einigungsgebot gilt für beide Eltern und es ist für alle Lebensbereiche des Kindes von besonderer Bedeutung. Kommt eine solche Einigung nicht zustande, kann das Familiengericht auch in solchen Einzelfällen entscheiden („die Einwilligung eines Elternteils ersetzen"). Beispielsweise sind sich die Eltern nicht einig, in welchen Kindergarten das Kind gehen soll, oder ein Elternteil verweigert die Unterschrift bei der Ausstellung eines Kinderpasses, um so eine Reise zu verhindern. Die Praxis von Sorgerechtsentscheidungen zeigt, dass Anträge auf Zuerkennung der uneingeschränkten elterlichen Sorge – d. h. alle Bereiche zusammengenommen – vor allem dann gestellt werden, wenn die Eltern sehr zerstritten sind und somit nicht zu erwarten ist, dass sie sich in wichtigen Angelegenheiten einigen können.

Die Regelung des Sorgerechts im Bereich der Personensorge ist von Eltern nach Trennung und Scheidung von elementarer Bedeutung, da damit die Weichen für das künftige Zusammenleben von Elternteil und Kind – eventuell in einer Lebensgemeinschaft mit neuem Partner oder neuer Partnerin – gestellt werden. Ganz unabhängig davon ist eventuell über die Frage eines Umgangs des Kindes mit demjenigen Elternteil zu entscheiden, bei welchem das Kind nicht permanent wohnt.

3.6 Was versteht man eigentlich unter *Kindeswohl*?

Aus rechtlicher Sicht ist *Kindeswohl* oder *„im besten Interesse des Kindes"* ein sogenannter „unbestimmter Rechtsbegriff", so wie beispielsweise auch Fahrtüchtigkeit im Straßenverkehr. Soweit „harte Tatsachen" aufgewiesen werden können – etwa eine offensichtliche Verwahrlosung oder Unterernährung – wird Kindeswohl eher aus der Negation heraus bestimmt. Erforderlich ist jedoch eine positive Bestimmung, da es nicht ausreicht, wenn Gefahren „nur" abwesend sind. Viele Eltern haben sicherlich eine gute Vorstellung von Kindeswohl. Da dieses Konzept jedoch für familiengerichtliche Entscheidungen von zentraler Bedeutung ist, sind Eltern oftmals auch verunsichert, ob sie in den Verhandlungen und hinsichtlich ihres eigenen erzieherischen Handelns die „richtigen Worte" finden. Ich gehe deshalb nachfolgend auf die wichtigsten Vorstellungen und Inhalte zum Kindeswohlbegriff etwas näher ein. Dabei soll auf abstrakte theoretische Erörterungen – von denen es viele gibt – weitgehend verzichtet werden, da es im konkreten Einzelfall eher darauf ankommt, die einer Beobachtung zugänglichen oder sonst wie überprüfbaren Tatsachen (z. B. durch Befragung der Eltern, anderer Personen oder durch Tests) aufzuzeigen.

Aus wissenschaftlicher Sicht handelt es sich bei Kindeswohl um ein *Konstrukt*, eine Bezeichnung für etwas, was seine Bedeutung erst durch Zuschreibungen von empirischen Tatsachen (Beobachtungen) erhält und in diesem Sinne zunächst „unbestimmt" ist. Dem Nachteil, dass es damit viele unterschiedliche Vorstellungen geben kann, was das Kindeswohl ausmacht, steht der Vorteil gegenüber, dass dessen Bedeutung dem zeitgeschichtlichen Wandel unterliegt und somit sozusagen den jeweils aktuellen Stand der gesellschaftlichen und kulturellen Entwicklung widerspiegelt. So betrachten wir heute etwa die Erhaltung der körperlichen Unversehrtheit des Kindes als verbindliche Norm, während noch bis zum Jahr 2000 in Deutschland die „körperliche Züchtigung" eines Kindes als ein legitimes Erziehungsmittel galt und nicht unter Strafandrohung stand. Was körperliche Bestrafung in der Schule anbetrifft, so erklärte noch 1979 das Bayrische Oberste Landesgericht, dass im Gebiet des Freistaates Bayern „ein gewohnheitsrechtliches Züchtigungsrecht" für Lehrer an Volksschulen bestehe. (1980 war die Prügelstrafe an Schulen auch in Bayern abgeschafft worden).

Leitvorstellungen zum Kindeswohl sind erstmalig auf internationaler Ebene von den *Vereinten Nationen* formuliert worden. Sie finden sich in der *UN-Kinderrechtskonvention* vom 20.11.1989.

> **UN-Kinderrechtskonvention**
>
> Kinder haben ein Recht darauf, dass diesen Bedürfnissen entsprochen wird:
>
> - nach Liebe, Akzeptanz und Zuwendung
> - nach stabilen Bindungen
> - nach Ernährung und Versorgung
> - nach Gesundheit
> - nach Schutz vor materieller und sexueller Ausbeutung
> - nach Wissen, Bildung und Vermittlung neuer Erfahrungen[1]

Diesen sechs Grundbedürfnissen sind in der Konvention zahlreiche Einzelforderungen zugeordnet – in insgesamt 45 Artikeln, die das Kind betreffen.[2]

Es wird hier auch deutlich, dass eine angemessene Befriedigung von Bedürfnissen des Kindes sich komplementär zu den verfügbaren Quellen und Angeboten in der Lebenswirklichkeit des Kindes verhält. Man denke beispielsweise an Kinderarmut (ein Thema, das leider immer noch aktuell ist) oder an Kinder von psychisch kranken Eltern, die nicht in der Lage sind, ihrem Kind ausreichend Liebe und Fürsorge entgegen kommen zu lassen. Das Wohl des Kindes verwirklicht sich somit als „Passungsverhältnis" zwischen kindbezogenen Forderungen und Bedürfnissen einerseits und umweltbezogenen Ressourcen und Einflussquellen (soziale wie materielle) andererseits. In der nachfolgenden Übersicht sind die wichtigsten Faktoren, die das Kindeswohl bestimmen, aufgeführt und mit konkreten Beispielen illustriert.[3]

---

[1] Zusammenfassung nach [4].

[2] abrufbar unter https://www.unicef.de/informieren/ueber-uns/fuer-kinderrechte/un-kinderrechtskonvention.

[3] Die Darstellung basiert teilweise auf Ergebnissen eines Forschungsprojektes zur Entwicklung einer *Screeningliste* und eines *Fragebogens zum Kindeswohl* (AFPG/Arbeitsstelle für Forensische Psychologie und Gerichtsgutachten, Institut für Psychologie der TU-Darmstadt, 2006; abrufbar unter www.afpg-online.de).

3.7 Was gehört alles zum Kindeswohl?

Zum Kindeswohl gehört eine den elementaren Bedürfnissen des Kindes entsprechende Versorgung und Betreuung in materieller, struktureller und sozial-emotionaler Hinsicht.
Zu den materiellen und strukturellen Grundlagen gehören:

- angemessene *Wohnverhältnisse:* kindgemäße Unterbringung (Möblierung), ausreichendes Platzangebot, gefahrenfreies Ambiente (auch außerhalb der Wohnung), altersangemessenes und ausreichend vorhandenes Spielzeug, Vorsorge gegen häusliche Unfälle, Sauberkeit und Aufgeräumtheit;
- eine ausreichende *Ernährung, Pflege, Versorgung, Gesundheitsfürsorge:* Gibt es regelmäßige und feste Mahlzeiten? Was gibt es zu essen? Saubere Kleidung, Kleidungswechsel (Unterwäsche), Mitnahme von Pausenbrot (bei Schulkindern), Umgang mit Süßigkeiten, Kontrolle von Hygiene und Gesundheitsfürsorge (Zähneputzen), Arztbesuche;
- ein *Strukturierter Tagesablauf:* morgendliches Wecken, Morgenroutine, feste Essenszeiten, Spielzeiten, ggf. Schulaufgaben, Freizeit draußen, ggf. Bringen und Abholen Kita, Schule, Umfang und Inhalt von Fernsehen, Abendroutine, Zu-Bett-Gehen (feste Zeiten, Übergänge, z. B. Vorlesen);
- ausreichend Gelegenheit zur *Kommunikation mit nahestehenden Personen (Familie):* Besuche bei Familienangehörigen (Großeltern), Geburtstag feiern mit Angehörigen, Familienfeiern, gemeinsame Unternehmungen (Ausflüge, Spielplatzbesuche);
- Gelegenheit zur *Kommunikation mit anderen Personen:* Umgang mit Freunden (Einladungen, evtl. Übernachtungen), altersangemessene Kommunikation über Medien (Handy, Internet), Mitgliedschaft in einem Sportverein, Begleitung der Eltern zu Sportveranstaltungen;
- Erwerb von *Wissen und Bildung:* regelmäßiger Schulbesuch, Hilfe bei schulischen Angelegenheiten, Bildungsangebote (Bücher, Kulturveranstaltungen), Benutzung eines Computers;

- Gelegenheit zur *Selbsterfahrung und Abgrenzung:* altersangemessene Mitbestimmung in Fragen der Kleidung, Verwendung von Taschengeld, beim Umgang mit Freunden, im Umgang mit Medien, Abgrenzungs- und Rückzugsmöglichkeiten in der Wohnung (Toilettengang, eigenes Zimmer abschließbar), Ruhezonen und selbstbestimmte Ruhezeiten. Förderung von Eigeninitiative.

Zu den sozialen und emotionalen Grundbedürfnissen gehören:

- *Stabile Bindungen, authentische Beziehungsangebote:* „Interesse am Kind", Fragen zum Tagesablauf, Unterstützungsangebote (falls angemessen), Gesprächsangebote;
- *Kontinuität in der Betreuung, Verlässlichkeit und Verfügbarkeit der Bezugspersonen:* Kind ist nicht allein zu Hause (jüngere Kinder), „Zeit für das Kind" ist fest eingeplant, ggf. wechselnde Bezugspersonen und Betreuungsintervalle über längere Zeitabschnitte, „Meine Mutter/mein Vater ist für mich da, wenn ich sie/ihn brauche", „Ich muss oft auf meine Mutter/meinen Vater warten, wenn sie/er mich abholen soll", Elternabende (Schule) werden wahrgenommen. Wie werden Beruf und Familie (Arbeits- und Familienzeiten) „unter einen Hut" gebracht (z. B. bei Schichtarbeit, berufsbedingter Abwesenheit);
- *emotionale Zuwendung:* „Schmusen" (insbesondere bei jüngeren Kindern), Körperkontakt, Geborgenheitsgefühl vermitteln, Trost spenden, Lob. Eltern zeigen Freude über gute Leistungen, Mitgefühl bei Trauer und Schmerz, Empathie und Einfühlung;
- angemessene *elterliche Strategien der Disziplinierung und Grenzsetzung:* Tabuisierung physischer Bestrafung, feste Vereinbarungen und Pflichten im Haushalt (z. B. Zimmer aufräumen, Haustiere betreuen), klare Ansprache und klare Willensbekundungen, Kontrolle in angemessenem Umfang (z. B. Fernsehzeiten, Erledigung von Hausaufgaben);
- *ausbalancierte elterliche Einstellungen und Handlungsweisen:* von beiden Elternteilen vertretenes Erziehungskonzept (z. B. gemeinsame Haltung in Fragen des Erlaubens und Verbietens), gemeinsames Auftreten gegenüber dem Kind, Kooperationsbereitschaft und

Kooperationsfähigkeit, Vermeidung einer Instrumentalisierung des Kindes („Kind als Botschafter");
- *konfliktfreie (problemfreie) Elternbeziehung:* Zeichen gegenseitiger Achtung und Wertschätzung sind für das Kind sichtbar, Trennung von Eltern- und Paarebene kann durchgehalten werden.;
- *Bindungstoleranz* gegenüber dem anderen Elternteil (bei Trennung): Kontakte werden befürwortet und unterstützt (z. B. Bring- und Abholdienste), Beziehungsangebote und emotionale Äußerungen werden ausdrücklich gutgeheißen oder zumindest toleriert. Auch bei fraglicher oder unklarer „Bindung" des Kindes an einen Elternteil, wird die Pflege und Weiterentwicklung der Beziehung zu diesem unterstützt. [*Anmerkung:* Der Begriff „Bindung" wird hier in seiner allgemeinen Bedeutung verwendet und steht deshalb in Anführungszeichen. In der *Bindungsforschung* bezeichnet Bindung ein Konzept aus der frühkindlichen Beziehungsforschung – mit einer speziellen Bedeutung];[4]
- *angemessene Beachtung des Kindeswillens:* Der vom Kind geäußerte Wille ist einer der tragenden Pfeiler des Kindeswohls und grundsätzlich zu beachten. Sobald das Kind alt genug ist, seinen Willen unmissverständlich zu bekunden, ergibt sich die Frage, inwieweit dieser Ausdruck seiner eigenen Einstellungen, Gefühle und Bindungen ist – oder ob der Wille das Ergebnis einer Beeinflussung durch eine andere Person (oder auch mehrere Personen) ist. Der geäußerte Wille (nicht unbedingt der „wahre" Wille) ist dann fremdbestimmt oder induziert. Auch dann wäre noch zu fragen, inwieweit er bei Entscheidungen zum Sorge- und Umgangsrecht zu beachten ist.

Die vorstehende Aufzählung ist natürlich nicht erschöpfend und sie kann es auch nicht sein, da das Wohl des Kindes keine „statische Größe" ist in einer sich wandelnden Welt und mit sich verändernden Wertvorstellungen, auch was die Erziehung von Kindern allgemein betrifft, in seiner Bedeutung jeweils neu ausgelegt werden muss.

---

[4] S. a. Abschn. 3.11.

So ist heute etwa der Begriff der „elterlichen Gewalt" aus der Rechtsprechung verschwunden und an seiner Stelle sind Begriffe wie „elterliche Sorge" oder „Elternverantwortung" eingeführt worden. Ist somit jegliche Anwendung elterlicher – oder auch institutioneller Gewalt (zu einer solchen zählen wohl auch manche Maßnahmen des Familiengerichts oder des Jugendamtes) verboten? Sicherlich nicht, da es zur Abwendung von Gefahren – zumal, wenn diese aktuell ein schnelles Handeln erfordern – als legitim gesehen wird, Gewalt anzuwenden, wenn alternativ keine „milderen" Mittel der Gefahrenabwehr zur Verfügung stehen. Gewaltanwendung – etwa gemäß einem Beschluss des Familiengerichts, das Kind notfalls auch per Gerichtsvollzieher und mithilfe der Polizei aus einem Haushalt herauszunehmen – muss aber immer das letzte Mittel sein und darf von den Eltern nicht missbräuchlich oder als die Würde des Kindes verletzende Maßnahme ausgeübt werden.[5]

Die Problematik einer Gewaltanwendung verweist im Kontext der Familie bereits auf die überragende Bedeutung erzieherischen Handelns der Eltern. Sind Eltern nicht in der Lage, den wohlverstandenen („objektiven") Bedürfnissen und Interessen des Kindes zu entsprechen – eventuell aufgrund einer Erkrankung (z. B. Alkoholabhängigkeit) oder aufgrund eines Unvermögens aus anderen Gründen (z. B. psychische Probleme) -, so wird man (sozusagen automatisch) eine Gefährdungslage für das Wohl des Kindes annehmen müssen. Die Frage nach der *Erziehungsfähigkeit* von Eltern steht in Verfahren vor dem Familiengericht häufig an erster Stelle. Erziehungsfähigkeit steht bei manchen Autoren auch an erster Stelle einer Liste von Kindeswohlkriterien.[6]

Die im ersten Teil unserer Aufzählung von Kindeswohlkriterien angesprochenen Merkmale sind im Allgemeinen leicht nachzuvollziehen und zu kontrollieren. Tagesablauf, Schulbesuch, medizinische

---

[5] In § 1631 Absatz 2 BGB heißt es dazu: *Kinder haben ein Recht auf gewaltfreie Erziehung. Körperliche Bestrafungen, seelische Verletzungen und andere entwürdigende Maßnahmen sind unzulässig.* Das Gericht kann aber gemäß § 1666 Absatz 1 BGB *Maßnahmen treffen, die zu Abwehr der Gefahr erforderlich sind,* wenn die Eltern dazu selbst nicht in der Lage sind.
[6] z. B. [1, S. 77].

Versorgung, Ernährungszustand, Kontakt mit Freunden können über einfaches Nachfragen, Einsicht in Unterlagen (z. B. in das für alle Eltern nach Geburt angelegte „gelbe" Heft für die regelmäßigen Vorsorgeuntersuchungen) usw. nachgeprüft werden. Schwieriger wird es bei der zweiten Gruppe von Kindeswohlkriterien, denn es handelt sich dabei eher um nicht direkt beobachtbare, sondern indirekt aus Beobachtungen erschließbare Gegebenheiten. Wenn Kindeswohl ein „Konstrukt" ist (vgl. oben 3.6), dann haben wir es im Falle von Bindung, Bindungstoleranz und elterlichen Einstellungen zum Kind und zur Erziehung mit *Subkonstrukten* zu tun. Einige dieser Konstrukte lassen sich wiederum unter dem Konzept der *Erziehungsfähigkeit* einordnen.

3.8 Was versteht man unter *Erziehungsfähigkeit*?

Die Frage ist – entgegen dem ersten Anschein – gar nicht leicht zu beantworten. So wie Kindeswohl , erschließt sich Erziehungsfähigkeit erst durch Anhäufung von empirischen (beobachtbaren) Tatsachen. Vielleicht wird manche Leserin und mancher Leser bereits an dem Wort „Erziehung" Anstoß nehmen, denn es vermittelt den Eindruck, als handele es sich dabei um eine Art von Einwirken in nur eine Richtung – vom Erwachsenen zum Kind -, vergleichbar mit dem Begriff „Kindergarten", in welchem das Pflänzchen Kind aufgepäppelt und gegen schädliche Einflüsse geschützt wird. Wohl benutzen wir noch diese Begriffe, jedoch mit einer kritischen Haltung, denn: Erziehung ist keine Einbahnstraße und der Kindergarten war wohl noch nie nur ein Garten gewesen. Der hiermit angedeutete Wandel in der allgemeinen Sichtweise vom Kind betrifft dessen aktive Rolle, welche es in seiner eigenen Entwicklung und Persönlichkeitsbildung spielt. In der Entwicklungspsychologie und der Sozialisationsforschung (der Schwerpunkt liegt hierbei auf den sozialen Austauschprozessen) hat man dafür Begriffe wie „selbstgesteuerte Entwicklung" oder „Transaktion" (Wechselwirkung zwischen Erwachsenen und Kind) geprägt. Von Geburt an (und wahrscheinlich schon davor) bestimmt das Kind seine eigene Entwicklung mit und stellt seine Eltern oder Bezugspersonen gleichsam unter einen Anpassungsdruck. Erziehung entspricht somit einer Art von Austausch- und Anpassungsprozess auf beiden Seiten der agierenden Personen, wenngleich auch das anfänglich noch bestehende Ungleichgewicht zwischen Eltern und Kind erst allmählich im Laufe der Zeit gemindert wird.

Die bisherigen Ausführungen zeigen, dass Erziehungsfähigkeit nicht „nur" eine Fähigkeit ist (so wie beispielsweise Lesen und Schreiben), die als „Eigenschaft" einer Person aufzufassen ist und sozusagen – wenngleich auch veränderlich – in der Person „residiert". Vielmehr entsteht und wandelt sich Erziehungsfähigkeit als Ergebnis eines Zusammenwirkens von drei Komponenten: der *erzieherischen Kompetenz*, dem *Temperament (Persönlichkeit) des Kindes* und den zu nutzenden *Umweltressourcen und Kontextvariablen*.

- *Erzieherische Kompetenz:* das, was bei Erziehungspersonen als Ergebnis von Lernen und Erfahrung – in eigener Biografie und im Umgang mit Kindern – seinen Niederschlag gefunden und sich verfestigt hat (im Sinne einer „Eigenschaft");
- *Temperament und Persönlichkeit des Kindes:* In der Persönlichkeitsforschung ist „Temperament" zunächst weitgehend gleichbedeutend mit den (genetischen) Anlagen des Kindes, also dessen frühkindliche Persönlichkeitsausstattung. Kinder unterscheiden sich schon bei Geburt und davor in ihrem Aktivitätsgrad, in ihrer Ansprechbarkeit, ihren Reaktionen und Stimmungslagen (Lust- /Unlustäußerungen), zunehmend auch in ihrer Durchsetzungs- und Widerstandsfähigkeit gegenüber Umwelteinflüssen („Ich-Stärke"). Einige Temperamentsforscher sprechen u. a. von einem „leichten Kind" oder einem „schwierigen Kind." [2] Auch Eltern berichten zuweilen, ein besonders schwieriges Kind zu haben und oftmals kommt ihnen das sogar gelegen, um eigenes Fehlverhalten zu kaschieren oder zu entschuldigen. (Dem könnte man entgegenhalten: Es gibt keine schwierigen Kinder, es gibt aber schwierige Eltern). Auch wenn man die Frage offenlässt, welche Faktoren bestimmte Temperamentsausprägungen mehr bestimmen (genetische Ausstattung oder Umwelteinflüsse) – mitentscheidend für das erzieherische Anforderungsprofil

ist doch der Umstand, dass solche verfestigten Temperamentsausprägungen in der Interaktion von Eltern und Kind von großer Bedeutung sind;
- *Umweltressourcen und Kontextvariablen:* Spricht man von Umweltressourcen, dann ist damit die Vorstellung verbunden, dass Organismen diese nutzen können, um bestimmte Bedürfnisse zu befriedigen (im einfachsten Fall Hunger und Durst), um bestimmte Entwicklungsziele zu erreichen (z. B. Selbständigkeit) oder auch nur, um ein System (hier das *Familiensystem*) funktionsfähig zu machen und zu erhalten. Sieht man einmal von den Eltern als eine Art von sozialer Umwelt ab, so stehen hier vor allem die *materiellen* und *strukturellen Erfordernisse des Kindeswohls* im Mittelpunkt der Betrachtung. Beispiele: die häusliche Umgebung, die weiter gefasste Wohnumwelt und Infrastruktur (Verfügbarkeit von Spielräumen innerhalb und außerhalb des Hauses, Entfernung zur Kita und Schule, bei körperlicher Behinderung barrierefreier Zugang zu Örtlichkeiten), Mobilitätsfaktoren (Nutzung von öffentlichem Nahverkehr), die Organisation des Tagesablaufes (Tagesstruktur), die ökonomische und wirtschaftliche Ausstattung der Familie (Verfügbarkeit von Geldmitteln) und anderes mehr. Zu bedeutsamen Ressourcen zählt aber auch die Verfügbarkeit von nahen Angehörigen und Verwandten wie den Großeltern; ihnen, wie auch Geschwistern oder sonstigen „engen Bezugspersonen", wird sogar per Gesetz das Recht auf Umgang mit dem Kind eingeräumt, wenn dies dem Wohl des Kindes dient (§ 1685 Abs. 1 und 2 BGB).

Je nachdem, welche Ausprägungen jede dieser Komponenten in einem „erzieherischen Feld" hat oder erreichen wird, variiert Erziehungsfähigkeit zwischen den Polen „unzureichend" und „voll zufriedenstellend". Ich spreche deshalb hier von einem *Passungsverhältnis* zwischen den drei Komponenten und (anstelle von Erziehungsfähigkeit) eher von einer *Befähigung zur Ausübung elterlicher Funktionen* oder auch einfach von *Erziehungsbefähigung*.

Aus dem Zusammenspiel der drei genannten Komponenten lassen sich nun unterschiedliche Konstellationen für erzieherische Befähigung ableiten. Im Idealfall einer optimalen Befähigung sind alle drei Komponenten gut aufeinander abgestimmt: ein eher „leichtes" Kind mit eher geringen erzieherischen Anforderungen trifft auf bereits erzieherisch gut eingestellte und erfahrene Eltern in einer günstigen, stressfreien Umwelt. Der gegenteilige Extremfall ist leicht abzuleiten. Eine eher ungünstige Konstellation ist beispielsweise jene, in welcher hohe erzieherische Anforderungen aufseiten des Kindes (z. B. Hyperaktivität oder verfestigte Aufmerksamkeitsdefizite) mit ungünstigen Umweltbedingungen (fehlende therapeutische oder andere Hilfsangebote, ungeklärte bis unzureichende Verfügbarkeit von finanziellen Mitteln) zusammentreffen; hier werden auch Eltern mit guten erzieherischen Kompetenzen und mit hoher Anstrengungsbereitschaft in ihrer erzieherischen Befähigung eingeschränkt sein. Der folgende Auszug aus dem Protokoll einer Verhandlung vor dem Familiengericht schildert einen weiteren Fall:

> Die Antragsgegnerin (hier die Mutter des 4-jährigen Kindes) war insofern als nicht ausreichend erziehungsfähig anzusehen, als sie es wiederholt versäumt hat, das gehbehinderte Kind regelmäßig bei einem Kinderarzt vorzustellen, um die zu bestimmten Zeitpunkten vorgesehene kinderärztliche Regeluntersuchung vornehmen zu lassen. Wenn die Kindesmutter vorträgt, sie verfüge weder über eine geeignete Transportmöglichkeit (PKW) noch über ausreichende finanzielle Mittel (etwa für ein Taxi), um die Arztbesuche zu bewerkstelligen (im Übrigen sei sie selbst zu den betreffenden Zeiten krank gewesen), so ist dem entgegenzuhalten, dass sie spätestens nach dem ersten versäumten Untersuchungstermin sich an das Jugendamt oder einer anderen Hilfeorganisation (z. B. Caritas) um Hilfe hätte wenden können. Dies ist jedoch unterblieben. Der Einlassung der Kindesmutter, sie habe nicht gewusst, an wen sie sich wenden solle, ist nicht zu folgen und nicht mit einer verantwortlichen Elternschaft vereinbar.[7]

Der geschilderte Fall zeigt, dass es der Mutter des Kindes nicht gelungen ist, durchaus verfügbare Ressourcen zu nutzen, um ihrer Verpflichtung

---

[7] Quelle: Autor.

auf Einhaltung der Gesundheitsfürsorge angemessen nachzukommen. Die von ihr geschilderten Hinderungsgründe (mangelnde Verfügbarkeit von finanziellen Mitteln, Immobilität, Krankheit) reichen nicht aus, um Versäumnisse zu entschuldigen, da sie auf andere Ressourcen hätte zugreifen können. Auch wenn das Kind besondere Anforderungen an Pflege und Erziehung stellt, erscheint der Schluss auf eine nicht ausreichende *erzieherische Kompetenz* der Mutter (das Gericht spricht allerdings von Erziehungsfähigkeit) hier gerechtfertigt. In dem betreffenden Verfahren wurde der Mutter das Sorgerecht dennoch nicht entzogen (der geschiedene Vater des Kindes hatte das alleinige Sorgerecht beantragt und dies u. a. mit der unzureichenden Gesundheitsfürsorge durch die Mutter begründet). Denn in der Regel ist hier auch danach zu fragen, wie den festgestellten Mängeln abzuhelfen ist und ob das in einer überschaubaren Frist, ohne weitere Gefährdung des Kindes, zu bewerkstelligen ist. Das war hier der Fall (die Untersuchung wurde nachgeholt, ein Antrag auf Hilfe zur Erziehung nach §27 SGB 8 wurde gestellt und diesem wurde entsprochen).

Der Fall ermöglicht zudem den Blick auf eine weitere Perspektive: Die genannten drei Komponenten von Erziehungsbefähigung sind eher als Abstraktionen – sozusagen in Absehung von der Realität – zu begreifen, da zwischen ihnen *Wechselwirkungen* und somit funktionale Abhängigkeiten bestehen. So lässt sich etwa in dem geschilderten Fall auch argumentieren, dass die Mutter des Kindes die materiellen und strukturellen Voraussetzungen für die Einhaltung von Arztterminen durch eigenes, aktives Tun selbst hätte herstellen können, indem sie sich beispielsweise der „Ressource Jugendamt" bedient hätte. Zu folgern ist, dass erzieherische Kompetenz sich in Handlungen manifestiert, welche unmittelbar auf die Organisation von Umweltressourcen einwirken und diese eventuell verändern. Hilfeleistungen sind „herstellbar" und zugleich werden sie angeboten und „fordern auf", sich ihrer zu bedienen. In ähnlicher Weise interagieren Anlagen und Bedürfnisse des Kindes mit Erziehungskompetenz einerseits und mit den verfügbaren dinglichen und sozialen Umweltressourcen, etwa, wenn das hier besonders pflegebedürftige Kind die besondere Sorgfalt und Aufmerksamkeit seiner Mutter fordert und diese dem bereits durch Vorsorge und „Achtsamkeit" begegnet, oder wenn bestimmte institutionelle Angebote zur Gesundheitsfürsorge als „Antwort" auf eine spezifische Bedürfnislage des Kindes aufzufassen sind.

Erzieherische Befähigung ist somit die Bezeichnung für ein recht komplexes Muster von miteinander verwobenen Teilbereichen in der Kommunikation zwischen Kindern und Eltern. Denkt man zum Beispiel an die besonderen Anforderungen, die ein Kind im individuellen Fall an erzieherisches Handeln stellt, so wird man – um der Komplexität gerecht zu werden – die auf Elternseite verfestigten Fähigkeiten und Eigenschaftsausprägungen immer mitzudenken haben, aber gleichzeitig auch die materiellen, strukturellen und sozialen Gegebenheiten (z. B. die Familienstruktur) im Blick haben müssen. *Erziehungsfähigkeit* (als *Befähigt-Sein*) entspricht somit einem *systemischen Konstrukt* und bezeichnet die Art und Weise, wie erzieherisches Handeln in einem Erziehungsfeld organisiert ist. Das macht es natürlich schwierig, im speziellen Fall verlässliche Aussagen über die Qualität von Erziehung und somit „Erziehungsfähigkeit" zu treffen.

3.9 Was ist mit *erzieherischer Kontinuität* gemeint?

In vielen Gerichtsverhandlungen taucht immer wieder die Frage der sogenannten *Erziehungskontinuität* auf. Sie wird, falls für eine Person bejaht, sozusagen als Pluspunkt für eine verantwortliche Elternschaft verbucht. Lässt sich das tatsächlich so sehen? Und sind Elternteile, die nicht das Privileg hatten, das Kind für einen längeren Zeitraum ununterbrochen betreut zu haben, deshalb im Nachteil, wenn es um die Beurteilung ihrer Eignung als Erziehungsperson geht? Zweifellos dient es nicht unbedingt dem Kindeswohl, wenn ein Kind einem häufigen Wechsel seines Lebensmittelpunktes und seiner Bezugspersonen ausgesetzt ist.

In dem folgenden Beispiel lautet der Auftrag des Familiengerichts an den Gutachter, u. a. zu klären, wie – neben einem Entwicklungsrückstand im kognitiven Bereich (Intelligenz) – das „unsichere

3 Elterliche Sorge 33

Bindungsverhalten"[8] der zum Zeitpunkt des Verfahrensbeginns fünfjährigen Carola zustande gekommen ist.

Das Mädchen verbrachte die ersten 8 Lebensmonate bei ihren Eltern. Nach deren Trennung einen Monat zusammen mit dem Vater allein, dann, für 3 Monate, bei der Großmutter, und danach wurde sie (mit Einwilligung des Jugendamtes) von einer Schwester der Mutter in Obhut genommen. Als sie ein Jahr alt war, kam sie in eine vom Jugendamt vermittelte Pflegefamilie, wo sie immerhin ein ganzes Jahr blieb, danach für nur 4 Monate in eine andere Pflegefamilie (die vorherige musste sie wegen Erkrankung der Pflegemutter abgeben). Carola war zwei Jahre alt, als ihr Lebensmittelpunkt wieder wechselte: Sie lebte dann für einige Zeit wieder bei der Großmutter und anschließend erneut zusammen mit ihrem Vater und dessen Lebensgefährtin, die aber nach einiger Zeit durch eine andere Person „ersetzt" wurde. Insgesamt wurde Carola bis zu ihrem dritten Lebensjahr alternierend von 12 Personen betreut (Vater, Eltern, Großmutter, dreimal Pflegeeltern, zwei Lebensgefährtinnen des Vaters).
  Der Gutachter argumentierte wie folgt: Für die ersten drei Lebensjahre des Kindes besteht eine beträchtliche erzieherische Diskontinuität. Die Voraussetzungen für eine normale Entwicklung des Kindes waren als eher ungünstig einzuschätzen. Dabei ist auch zu berücksichtigen, dass die Aufenthaltsintervalle bei den einzelnen Pflegestellen zwischen 3 und 12 Monaten variierten und somit jeweils noch Eingewöhnungs- und Umstellungsprozesse einen kontinuierlichen Entwicklungsverlauf weiter belastet haben. Es ist somit davon auszugehen, dass auch bei einer durchaus gegebenen Förderungsfähigkeit einzelner Betreuungspersonen die für einen erfolgreichen Aufbau kognitiver und sozial-emotionaler Fähigkeiten und Fertigkeiten erforderlichen Anreiz- und Lernbedingungen nicht in ausreichendem Maße zum Tragen kommen konnten bzw. nicht gegeben waren. In Bezug auf die Frage nach dem Bindungsverhalten lautete die Schlussfolgerung: Das unsichere Bindungsverhalten des Kindes basiert höchstwahrscheinlich auf einer nicht regelgerecht verlaufenen Bindungsgenese, da es in den ersten drei Lebensjahren aufgrund von wechselnden Betreuungspersonen – jeweils in Verbindung mit einem Ortswechsel – zu einem häufigen Beziehungsabbruch gekommen ist.[9]

---

[8] Ein unsicher gebundenes Kind zeigt Vermeidungsverhalten gegenüber Bezugspersonen, z. B. wenn es durch den Kontakt mit einer fremden Person beunruhigt wird. Es ist dann schwer zu trösten und zu beruhigen. Die Ursache für ein solches Verhalten wird in einer nicht gelungenen oder gestörten Bindungsbeziehung (attachment) gesehen, indem Bezugspersonen nicht verlässlich verfügbar sind oder waren und somit kein „Urvertrauen" aufgebaut werden konnte. Als kritischen Zeitraum für die Bindungsgenese werden die ersten drei Lebensjahre angenommen.
[9] Quelle: Autor.

Das Beispiel unterstreicht die Bedeutung von häufigen Beziehungsabbrüchen (und auch Beziehungserneuerungen) für Störungen bzw. Verzögerungen in der Entwicklung von sozial-emotionalen und kognitiven Funktionen. Als ein eher seltener Fall eines häufigen Beziehungswechsels ist es jedoch nicht geeignet, Diskontinuität in der Erziehung generell als eine für das Wohl des Kindes schädliche Einflussgröße zu klassifizieren. Versteht man unter Erziehungskontinuität im Idealfall die permanente, auf Dauer angelegte Betreuung des Kindes durch eine feste, nicht wechselnde Bezugsperson, dann wäre dieser „Normalfall" bereits mit der Trennung und Scheidung des Elternpaares gefährdet oder hinfällig. Dabei gibt es für eine Trennung auch im Interesse des Kindes gute Gründe und eine häufig gehörte Begründung, streitende Eltern seien schlimmer für das Kind, als getrenntlebende Eltern, hat eine gewisse Berechtigung. In dem hier angeführten Beispiel, in welchem es darum ging, ob der (auch sorgeberechtigte) Vater des Kindes ausreichend erziehungsbefähigt ist, um seine Tochter auf Dauer zu sich zu nehmen (die Mutter war dazu wegen einer psychiatrischen Erkrankung nicht in der Lage), ist es diesem jedoch nicht gelungen, eine erzieherische Kontinuität – gleich ob für seine oder eine andere Person – herzustellen. Auch das Jugendamt steht hier in der Kritik, da es diesem nicht gelungen ist, dem Kind eine feste, auf Dauer verlässliche Pflegestelle zu vermitteln. Dem steht die Mehrzahl der Fälle gegenüber, in welchen auch nach einem zunächst diskontinuierlichen Betreuungsverlauf eine für die weitere Entwicklung des Kindes förderliche Lebensumwelt geschaffen wurde, sei es bei einem Elternteil mit oder ohne neuen Lebenspartner, sei es in einer Einrichtung der Kinder- und Jugendhilfe. Es bietet sich somit die Schlussfolgerung an, dass ein Mangel an erzieherischer Kontinuität nicht *per se* schädlich für das Kind ist und häufig sogar – trotz Scheidung der Eltern – mit positiven Folgen für das Wohl des Kindes verknüpft sein kann. Das Argument einer Erziehungskontinuität wird deshalb in strittigen Auseinandersetzungen vor Gericht in der Regel immer dann vorgebracht, wenn der eigene Beitrag zur Erziehung des Kindes positiv gegenüber dem Beitrag des anderen Elternteiles hervorgehoben werden soll. Dabei sind Väter oftmals im Nachteil, da nach Trennung und Scheidung in der Mehrzahl der Fälle das Kind zunächst bei der Mutter verbleibt. Ein weiterer

Gesichtspunkt ist, dass das Argument der Erziehungskontinuität mit zunehmendem Alter des Kindes weniger relevant für Sorgerechtsentscheidungen wird, da das ältere Kind den Wechsel von Bezugspersonen und Haushaltsumgebungen leichter verkraftet und vielleicht eher Probleme mit der Aufgabe von Freundesbeziehungen hat.[10]

3.10 Was versteht man unter dem *Förderungsprinzip*?

Sorgerechtsentscheidungen, vor allem wenn es um das Aufenthaltsbestimmungsrecht geht, haben in der Regel langfristige Folgen für Eltern und Kind. Zu den objektiven Interessen des Kindes gehört es, in elementaren Bereichen seiner Entwicklung ausreichend gefördert zu werden, und das Vermögen eines Elternteils, dem zu entsprechen, ist somit ein weiteres Kriterium bei solchen Entscheidungen. Die Frage lautet dann, wer von den Eltern am ehesten geeignet ist, das Kind in seiner Persönlichkeitsentwicklung zu unterstützen und zu fördern. Um diese Frage im Einzelfall zu beantworten, gelten ähnliche Voraussetzungen wie im Falle von Erziehungsfähigkeit generell: Denn eine Förderung des Kindes hängt ab von Besonderheiten des Kindes selbst (Anforderungen), den Kenntnissen und Fähigkeiten der Betreuungsperson (erzieherische Kompetenz) und den jeweiligen Umweltbedingungen und „Angeboten" (physikalischer und sozialer Kontext, „Lernumwelten"). Die Frage einer Förderung des Kindes wird immer dort besondere Beachtung finden, wo hinsichtlich der genannten Komponenten Defizite zu verzeichnen sind: bei Eltern mit einer Behinderung oder schweren Erkrankung, bei besonders pflegebedürftigen Kindern, bei sozial und ökonomisch stark belasteten Familien. Häufig sind unter streitenden Eltern jedoch bereits Unterschiede im zeitlichen Management von Kinderbetreuung und

---

[10] Auf das in diesem Zusammenhang häufig angeführte sogenannte *Wechselmodell* gehe ich in Abschn. 6.7 ein.

beruflicher Tätigkeit Anlass, um die Förderungsfähigkeit eines Elternteils infrage zu stellen. So spielt es bei einer Erwerbstätigkeit außer Haus eine Rolle, ob dem Erfordernis einer geregelten Tagesstruktur für das Kind in ausreichendem Maße entsprochen werden kann, beispielsweise im Falle von Schicht- und Wochenendarbeit. Dabei geht es einfach nur um die physische Präsenz des betreffenden Elternteils, eventuell außerhalb von Kindergarten- und Schulzeiten.

Spricht man vom Förderungsprinzip, so wird dabei häufig eher eine Förderung allein im Bereich der kognitiven Entwicklung (Sprache und Intelligenzfunktionen allgemein) verstanden und es werden andere Persönlichkeitsbereiche – insbesondere sozial-emotionale Fähigkeiten weitgehend und zu Unrecht ausgeklammert. Dass nicht alle Familiengerichte dieser Leitlinie folgen, wird im nachfolgenden Beispiel deutlich.

> Die vier Jahre alte Zaina kam mit ihren Eltern vor zwei Jahren aus dem Jemen nach Deutschland. Die Eltern erhielten Asyl. Der Vater (Ingenieur und nach eigenem Bekunden kein bekennender Muslim und „westlich aufgeklärt"), besuchte Integrationskurse und konnte sich recht bald sprachlich gut verständigen, was wiederum die Aufnahme einer Berufstätigkeit (Schichtarbeit) erleichterte. Die Mutter, in ihrem Heimatland Rechtsanwältin und auch in Deutschland weiterhin praktizierende Muslimin, blieb weitgehend sozial isoliert und hatte lediglich Umgang mit Verwandten, die in der Nähe lebten. Das Angebot von Integrations- und Sprachkursen wurde von ihr trotz mehrmaliger Aufforderungen nicht angenommen. Die Mutter spricht Arabisch und etwas Englisch, nur wenige Wörter Deutsch. In der Gerichtsverhandlung ist sie auf einen Dolmetscher angewiesen. Auch Zaina kann sich noch nicht adäquat ausdrücken. Auf Vorhalt erklärt die Mutter, sie habe mit dem Sprachkurs warten wollen, bis ihre Tochter in den Kindergarten komme. Das Gericht lässt dies nicht gelten, da die Kurse stundenweise am Abend abgehalten werden, und Zaina dann hätte vom Vater betreut werden können. Der Vater möchte Zaina zu sich nehmen und begründet dies u. a. mit seiner Förderungsfähigkeit. Der Gutachter bescheinigt dies dem Vater, weist jedoch darauf hin, dass Zaina eine enge Beziehung zu ihrer Mutter aufgebaut hat, sicher gebunden ist und von ihrer Mutter liebevoll versorgt wird. Die Beziehung zum Vater sei deutlich weniger gefestigt. Das Gericht folgt in diesem Fall dem Beziehungsargument und spricht der Mutter

> das Aufenthaltsbestimmungsrecht zu, unter der Auflage, unverzüglich die Aufnahme in einen Integrationskurs zu beantragen und den Antrag auf einen Kindergartenplatz zu stellen. Das Jugendamt erklärt sich bereit, die Maßnahmen zu vermitteln und zu begleiten.[11]

Der beschriebene Fall betrifft einerseits die Bedeutung einer gelungenen Integration von Migranten im Hinblick auf Erfordernisse des Kindeswohls (hier das Förderungsgebot), andererseits zeigt sich auch hier, dass Defizite in einem Bereich allein nicht ausschlaggebend für sorgerechtliche Entscheidungen sind, da durch entsprechende Maßnahmen in der Regel ausgleichbar.

3.11 Welche Rolle spielen die Bindungen des Kindes?

Welche Bindung hat das Kind an seine Eltern? Das ist eine der Standardfragen in Verhandlungen zum Sorge- und Umgangsrecht. Dahinter steht die Annahme, dass in Entscheidungsfällen derjenige Elternteil besser geeignet ist, die elterliche Sorge allein auszuüben, wenn die Bindung des Kindes an ihn am stärksten ist.

Zunächst eine Klarstellung: In Verhandlungen und bei der Rezeption des familienpsychologischen Gutachtens kommt es oftmals zu Missverständnissen hinsichtlich der Verwendung des Begriffes „Bindung." Das liegt daran, dass in der neueren Entwicklungspsychologie Bindung als ein Fachbegriff für die frühkindliche Herausbildung einer engen und vertrauensvollen Beziehung des Kindes zu einer Bezugsperson (Mutter oder Vater) fungiert, Bindung sonst aber auch umgangssprachlich als Bezeichnung für eine (enge) Beziehung zwischen Eltern und Kind verwendet wird. Die vom Familiengericht häufig gestellte Frage nach den Bindungen des Kindes zielt auf die letztgenannte, allgemeine

---

[11] Quelle: Autor.

Bedeutung ab. Da sprachliche Gewohnheiten schwer zu ändern sind, wird hier und nachfolgend der aus der angloamerikanischen Forschung übernommene Begriff des *attachment* der Bezeichnung „Bindung" in Klammern hinzugefügt, wenn der Bezug zur Bindungsforschung deutlich gemacht werden soll.

In der Entwicklung von Eltern-Kind-Beziehungen spielt das Konzept der Bindung *(attachment)* in den ersten Lebensjahren eine herausragende Rolle. Es bezeichnet die enge emotionale Beziehung des Kleinkindes zu einer Person, mit welcher das Kind in den ersten Monaten und Jahren den intensivsten Kontakt hat (zumeist die Eltern). Dabei geht es um den Aufbau und die Verfestigung von *Vertrauen* (manche Autoren sprechen von Urvertrauen) in die Verfügbarkeit der Bezugsperson, insbesondere in Situationen, in denen das Kind in irgendeiner Weise beunruhigt ist oder sich bedroht fühlt. Bindung *(attachment)* hat somit zunächst eine wichtige Schutzfunktion, darüber hinaus wird aber auch die Basis gelegt für das Vertrauen in sich selbst und in andere Personen. Die Bindungsforscher sprechen dann vom Erwerb eines „Arbeitsmodells" für Beziehung, welches verinnerlicht wird und die Herausbildung von Beziehungen bis ins Erwachsenenalter hinein mitbestimmt. Die frühe „Bindungsgenese", welche im Allgemeinen mit etwa drei Jahren abgeschlossen ist, kann gelingen oder misslingen. Im ersten Fall verfügt das Kind dann über eine *sichere* Bindung *(attachment)*, im Falle des Misslingens kommt es zu verschiedenen *unsicheren* Bindungstypen *(unsicher-vermeidend, unsicher-ambivalent)* oder zu einer Mischform *(desorganisiert)*. Während in den frühen Abschnitten der Bindungsforschung die Beziehung des Kindes zu nur einer Person, der Hauptbezugsperson (zumeist die Mutter) thematisiert wurde, geht man heute davon aus, dass das Kind eine sichere Bindung zu mehreren Bezugspersonen aufbauen kann. Das hat insbesondere die Position und Bedeutung des Vaters gestärkt.

Im Rahmen von sorge- und umgangsrechtlichen Erörterungen hat das Konzept der Bindung *(attachment)* eine Leit- und Entscheidungsfunktion besondere beim noch sehr jungen Kind, wenn beispielsweise aufgrund des Bindungstyps einer der beiden Elternteile eher geeignet ist, die alleinige elterliche Sorge auszuüben. Hat das Kind eine sichere Bindung an beide Elternteile, wird man in der Frage eines Umgangs mit dem nichtbetreuenden Elternteil im Konfliktfall eine entsprechende *Bindungstoleranz* beim anderen Elternteil einfordern müssen.[12]

Die Bindungsgenese ist gleichbedeutend mit der frühkindlichen Beziehungsentwicklung – mit Folgen bis in das Erwachsenenalter hinein. Das Kind zeigt Bindungsverhalten, indem es durch verschiedene Aktivitäten wie Verringerung der räumlichen Distanz, Blickkontakt, Lautäußerungen usw. die Nähe zur Bindungsperson herstellt oder herzustellen versucht. Für den Aufbau einer sicheren Bindung *(attachment)* bedarf es aber auch aufseiten der Bindungsperson bestimmter Verhaltensweisen, etwa die aufmerksame Zuwendung zum Kind, das Gewähren von Körperkontakt, „Wärme" und Einfühlung. In erweiterter Perspektive betrachtet, entwickeln sich Beziehungen bzw. Bindungen (hier allgemein zu verstehen) auf dem Hintergrund der *Interaktion* des Kindes mit seinen Bezugspersonen. Beziehungsqualität ist dann weitgehend gleichbedeutend mit *Interaktionsqualität.* Für sorgerechtliche Belange ergibt sich im Einzelfall die Aufgabe, den Stand der Beziehungsentwicklung des Kindes unter Einschluss von fördernden und hindernden Einflüssen herauszuarbeiten und hinsichtlich der jeweils gegebenen familienrechtlichen Fragestellung zu bewerten. Soweit es dabei auch um eine Prognose für das Gelingen zukünftiger Elternschaft und den Erfordernissen des Kindeswohls geht, erscheint eine Prüfung auf Risikofaktoren angemessen; zu diesen gehören u. a. die psychosoziale familiäre Situation (z. B. Gewalt zwischen den Eltern), Merkmale der Bindungsperson (z. B. Depression) und Merkmale des Kindes (z. B. neurologische Auffälligkeiten) [6].

---

[12] Zu *Bindungstoleranz* s. nächsten Abschnitt.

3.12 Was versteht man unter *Bindungstoleranz* – wie wichtig ist diese?

Zusammen mit Erziehungsfähigkeit, Erziehungskontinuität, dem Kindeswillen und den Bindungen des Kindes ist Bindungstoleranz bei Entscheidungen zum Sorge- und Umgangsrecht mit ausschlaggebend. Darunter versteht man die Anerkennung und Respektierung der Bindung des Kindes zum jeweils anderen oder zum nicht-residenten Elternteil und damit in gewisser Weise auch die Anerkennung desselben als miterziehender Elternteil. Vielleicht ist der zuweilen auch verwendete Begriff *Umgangsloyalität* hier besser geeignet, da er nicht nur ein „Gewähren lassen" (Toleranz) signalisiert, sondern deutlicher die Verpflichtung von Eltern hervorhebt, den Umgang mit dem jeweils anderen Elternteil auch aktiv zu fördern und diesem in der Erziehung „beizustehen."

Die besondere Bedeutung von Bindungstoleranz wird auch damit unterstrichen, dass gleich drei Paragrafen des BGB implizit darauf hinweisen: *Eltern und Kinder sind einander Beistand und Rücksicht schuldig* (§ 1618a BGB) – *Zum Wohl des Kindes gehört in der Regel der Umgang mit beiden Elternteilen. Gleiches gilt für den Umgang mit anderen Personen, zu denen das Kind Bindungen besitzt, wenn ihre Aufrechterhaltung für seine Entwicklung förderlich ist* (§ 1626 Abs. 3, BGB) und *Die Eltern haben alles zu unterlassen, was das Verhältnis des Kindes zum jeweils anderen Elternteil beeinträchtigt oder die Erziehung erschwert* (§ 1684 Abs. 2 BGB, die sog. Wohlverhaltensvorschrift). Indem hier auch von „anderen Personen" die Rede ist, stärkt dies die Position von Geschwistern, Großeltern und anderen nahen Familienangehörigen, welche damit ihr Recht auf Umgang mit dem Kind auch eventuell gerichtlich einfordern können (dazu noch spezifischer der § 1685 BGB: Umgang des Kindes mit anderen Bezugspersonen).

Mangelnde oder fehlende Bindungstoleranz gehören zu den häufigsten Gründen für Zwangsmaßnahmen gegen denjenigen Elternteil, welcher den Umgang vereitelt – vorausgesetzt, es liegen ausreichende Gründe vor, dass der Umgang dem Kindeswohl entspricht.

3 Elterliche Sorge

Auch bei dem sog. *Elterlichen Entfremdungssyndrom* ist das Fehlen einer ausreichenden Bindungstoleranz ein hervorstechendes Merkmal. Dass eine fehlende Bindungstoleranz im Extremfall auch zu einer Aberkennung des Aufenthaltsbestimmungsrechts (gleichbedeutend mit der Herausnahme des Kindes aus dem Haushalt des betreuenden Elternteils) führen kann, wird in einem Bericht zum Verfahren vor dem Oberlandesgericht Köln (Beschluss vom 01.03.2018) deutlich.

> Nach der Trennung der Eltern hatte sich die Mutter mit dem Kind in ein Frauenhaus begeben und den Umgang mit dem Vater komplett ausgesetzt. Das Familiengericht hatte dann das Aufenthaltsbestimmungsrecht einstweilig auf den Vater übertragen. Die Beschwerde der Mutter dagegen hatte keinen Erfolg. Der Vater hatte das Kind schon vor der Trennung mitbetreut; er verblieb in der vormaligen Ehewohnung. Die „starke Bindung" des Kindes an die Mutter, welche das Kind in den ersten Lebensjahren überwiegend versorgt und betreut habe, sei zwar „erfreulich", spreche aber nicht gegen den Entzug des Aufenthaltsbestimmungsrechts. Ausschlaggebend sei vielmehr, dass der Vater „über ein deutlich höheres Maß an Bindungstoleranz verfüge als die Mutter. Ein sicherer Kontakt des Kindes zu beiden Elternteilen könne derzeit nur gewährleistet werden, wenn sich das Kind beim Vater aufhalte. Bei der Erziehungseignung sei die Bindungstoleranz...von erheblicher Bedeutung." [3]

Der Beschluss nebst Begründung ist auch insofern beachtlich, als hier dem Gesichtspunkt der Bindungstoleranz ein besonderes Gewicht beigelegt wird. So sei es gerade nach der Trennung besonders wichtig, dass das Kind zu beiden Elternteilen eine ungestörte Beziehung haben kann. Bindungstoleranz sollte bei Entscheidungen in Kindschaftssachen stärker in den Fokus gerückt und damit „der Blick nach vorne" gerichtet werden. Für die Bindung des Kindes gelte, dass es häufig die Mutter ist, zu welcher das Kind aufgrund der höheren Betreuungsdichte in den ersten Lebensjahren eine enge Beziehung aufbaue. Schlussfolgerung: „Wollte man das Fortschreiben, hätte das Kind kaum eine Chance, die Bindung zum Vater zu vertiefen. Hier wird oft verkannt, dass die bereits bestehende Bindung zur Mutter überhaupt nicht tangiert, sondern um eine weitere Bindung ergänzt und belebt wird" [3]

Dem Tenor des hier Gesagten – vor allem im letzten Satz – kann man nur zustimmen, insbesondere auch was eine Stärkung der Vaterrechte anbetrifft.

Literatur

1. Balloff, M. (2018). *Kinder vor dem Familiengericht* (3. Aufl.). Nomos.
2. Buss, A. H., & Plomin, R. (1984). *Temperament: Early developing personality traits.* Erlbaum.
3. OLG Köln Senat für Familiensachen (2019). Aktenzeichen II-10 UF19/18. [Quelle: N. Maes, juris PR-FamR 15/2019 Anm. 6, 30.07.2019].
4. Suess, G., & Fegert, J. M. (1999). Das Wohl des Kindes in der Beratung aus entwicklungspsychologischer Sicht. *Familie Partnerschaft Recht, 5*(3), 157–164.
5. Schlünder, R. & Nickel, M. (2018). *Das familiengerichtliche Verfahren.* Gieseking.
6. Ziegenhain, U., & Fegert, J. M. (2004). Frühkindliche Bindungsstörung. In C. Eggers, J. M. Fegert, & F. Resch (Hrsg.), *Psychiatrie und Psychotherapie des Kindes- und Jugendalters* (S. 875–890). Springer.

# 4

Kindeswille

Die Achtung der Persönlichkeit und Würde des Kindes schließt es aus, das Kind allein als ein materielles Gut, das es aufzuteilen oder zuzuteilen gilt (so wie etwa Hausrat), zu betrachten, auch wenn dies beim „Streit um das Kind" oftmals so aussieht. Der Kindeswille ist generell betrachtet ein wichtiger Faktor bei der Bestimmung des Kindeswohls und selbst dann von Belang, wenn die Eltern sich einig sind und einen gemeinsamen Vorschlag (beispielsweise zum Lebensmittelpunkt des Kindes) ausgearbeitet haben. Der Wille des Kindes ist somit in jedem Fall zu berücksichtigen, vorausgesetzt, das Kind ist so weit entwickelt, dass es seinen Willen klar kundtun kann. Die entsprechende Vorschrift im FamFG § 159 lautet (Auszug):

> Das Gericht hat das Kind persönlich anzuhören, wenn es das 14. Lebensjahr vollendet hat...Hat das Kind das 14. Lebensjahr noch nicht vollendet, ist es persönlich anzuhören, wenn die Neigungen, Bindungen oder der Wille des Kindes für die Entscheidung von Bedeutung sind oder wenn eine persönliche Anhörung aus sonstigen Gründen angezeigt ist...

© Der/die Autor(en), exklusiv lizenziert durch Springer Fachmedien Wiesbaden
GmbH, ein Teil von Springer Nature 2022
H.-G. W. Voß, *Eltern vor dem Familiengericht*,
https://doi.org/10.1007/978-3-658-35848-8_4

> Das Kind soll über den Gegenstand, Ablauf und möglichen Ausgang des Verfahrens in einer geeigneten und seinem Alter entsprechenden Weise informiert werden, soweit nicht Nachteile für seine Entwicklung, Erziehung oder Gesundheit zu befürchten sind. Ihm ist Gelegenheit zur Äußerung zu geben.

Die Bestimmung ist somit darauf ausgelegt, dem Kind rechtlich Gehör zu verschaffen, gegebenenfalls auch gegen den Willen der Eltern; denn so wie Erwachsene haben Kinder, gleich welchen Alters, ein Recht auf eine freie Entfaltung ihrer Persönlichkeit. Das Kind steht dabei nicht unbedingt allein da; in der Regel hat es in der Person des *Verfahrensbeistandes* einen wichtigen Verbündeten.

Einige Eltern, aber auch Fachleute, haben gegen eine Anhörungspflicht des Kindes vorgebracht, dass diese eine weitere Schädigung des Kindes in einem ohnehin durch den Streit der Eltern belasteten Verfahren mit sich bringe und deshalb nicht zumutbar sei. Aus psychologischer Sicht wäre das etwa der Fall, wenn das Kind sich in der richterlichen Anhörung in die Rolle des Entscheidungsträgers gedrängt fühlen könnte, womit der bereits vorhandene *Loyalitätskonflikt* weiter verschärft würde. Anhörungen werden somit vom Familienrichter ohne Anwesenheit eines Elternteils vorgenommen, in einer möglichst kindgemäßen Weise und Umgebung und in der Regel bei Anwesenheit des Verfahrensbeistandes – auf der Basis eines bereits herausgebildeten Vertrauens. Da die richterliche Anhörung des Kindes vorgeschrieben ist (§ 159 Abs.1 FamFG), können die Eltern dieser nicht widersprechen. Nur aus bestimmten Gründen, wenn z. B. „das Kind offensichtlich nicht in der Lage ist, seine Neigungen und seinen Willen kundzutun" (§ 159 Abs. 2 Satz 1 FamFG) kann das Familiengericht von einer Anhörung absehen.

Willensäußerungen bei Erwachsenen wie bei Kindern sind dann von erheblicher Bedeutung, wenn sie als Ausdruck einer freien, nachhaltigen und selbstbestimmten Entscheidung gewertet werden können. Lässt sich dafür im einzelnen Fall ein Nachweis erbringen? Den Willen des Kindes bewerten wir mit den uns zur Verfügung stehenden Erkenntnismitteln, wobei es einerseits um eine positive Bestimmung desselben geht, andererseits um den Ausschluss von Beeinflussung und Fremdbestimmung.

4.1 Wann spricht man von einem positiv bestimmten Kindeswillen?

„Positiv" meint hier zunächst, dass der zu beurteilende Sachverhalt durch vorhandene oder beobachtbare Merkmale beschrieben werden kann und nicht durch Ausschluss eines anderen Sachverhaltes (z. B. „wenn das Kind nicht beeinflusst ist"). Die Bestimmung von (positiven) Merkmalen des Kindeswillens, die dann im Gerichtsverfahren von Bedeutung oder sogar für eine Entscheidung ausschlaggebend sind, ist kein einfaches Unterfangen und verlangt tiefere Kenntnisse und Einsichten in Entwicklungsstand und Persönlichkeit des Kindes. Seit jeher haben sich Philosophen, Theologen, Psychologen und neuerdings auch vermehrt Naturwissenschaftler damit beschäftigt, was unter dem menschlichen Willen zu verstehen ist (etwa im Unterschied zu Trieben und Motiven), welche Funktion im Erleben und Verhalten des Menschen er hat und vor allem, ob es den „freien Willen" überhaupt gibt; letzteres wird beispielsweise von Neurowissenschaftlern verneint. Auch von psychologischer Seite wurde eingewendet, dass der Wille des Kindes niemals frei sein könne (zumal bei innerfamiliären Streitigkeiten), denn das Kind stehe – als Erzogener – immer unter dem Eindruck und Einfluss seiner Eltern oder Erzieher. Dennoch würde kaum jemand so weit gehen, Willensäußerungen des Kindes völlig außeracht zu lassen. Vielmehr kommt es darauf an, dem in Maßen bereits selbstbestimmungsfähigen und einsichtigen Kind einen gewissen Spielraum für Entscheidungen über seine eigene Zukunft einzuräumen – auch wenn letztlich die Entscheidung ausschließlich bei den Erwachsenen (hier dem Familiengericht) liegt.

Nach welchen (positiven) Kriterien beurteilen wir nun, ob eine Willensäußerung des Kindes – sei sie verbal oder allein aus dem Ausdrucksverhalten zu erschließen – für eine Entscheidung zum Sorge- und Umgangsrecht relevant ist oder nicht? Um dies zu beantworten, bedarf es zunächst einer näheren Betrachtung der verschiedenen Merkmale, durch welche sich Willensäußerungen auszeichnen. Wie im Falle von anderen „unbestimmten" Rechtsbegriffen (siehe die Ausführungen zum Kindeswohl in Abschn. 3.6 und 3.7) ist man bei der Beurteilung des Kindeswillens auf Beobachtungen des kindlichen Verhaltens (z. B. verbale Äußerungen, Verhaltensbeobachtung in Umgangssituationen) und auf die Nutzung anderer Informationsquellen (z. B. Befragung von Angehörigen und Betreuungspersonen) angewiesen. Das folgende Beispiel aus einer Verhandlung illustriert bereits einige der wichtigsten Gesichtspunkte, die es hinsichtlich der Bedeutung des Kindeswillens für Entscheidungen zu beachten gilt:

> Kevin (5) wohnt bei seiner Mutter, die Trennung der Eltern liegt erst wenige Wochen zurück. Der Vater hat einen Antrag auf Übertragung des Aufenthaltsbestimmungsrechts gestellt. Mit der Beibehaltung der gemeinsamen elterlichen Sorge ist er einverstanden. Kevin hat gegenüber seiner Mutter, gegenüber den Großeltern mütterlicherseits und gegenüber den Betreuerinnen in der Kindertagesstätte wiederholt angegeben, lieber bei seinem Vater wohnen zu wollen, weil es bei diesem „schöner" sei. Im Verlaufe der Umgangskontakte an jedem zweiten Wochenende ist es zu dramatischen Szenen gekommen, weil Kevin sich nicht von seinem Vater habe trennen wollen (Weinen, Schreien). So habe er sich zuletzt geweigert, beim Zurückbringen zur Mutter aus dem Auto auszusteigen. Die Mutter wirft dem Vater vor, er beeinflusse Kevin massiv, vor allem durch Geschenke und attraktive Freizeitangebote am Wochenende. Kevin wird nun vom Sachverständigen angehört und es entwickelt sich der folgende Dialog: Wo möchtest Du denn gerne wohnen? Beim Papa – warum? – da ist es schöner – was ist denn da schöner – (denkt nach) alles – alles? – ja, alles – hmm, da kann ich mir aber jetzt gar nicht vorstellen, was das ist – der Papa hat ein Schwimmbad im Garten – ah ja, ein Schwimmbad, gibt es sonst noch was? – (Kevin scheint jetzt aufzutauen) der schenkt mir auch immer was und neulich waren wir im Zoo, da gab es Giraffen, wir gehen auch auf den Spielplatz, ich kann klettern – und das hast du gerne? – ja – sag mal, Kevin, wie ist das: Wo bist Du denn gerne? – beim Papa – ja – und bei Mama – bei Mama auch? – die tut mir abends was vorlesen – und findest du das schön? – ja, aber beim Papa ist es schöner – und wenn Du jetzt bei der Mama auch so Sachen wie beim Papa hättest? – bei Papa und Mama. – Und wenn das nicht geht? – bei Papa – ist der Papa lieb? – ja – und die Mama? – auch.[1]

Geschildert wird hier ein nicht selten vorkommender Fall. Kevin ist offensichtlich sehr beeindruckt von den Spielzeug- und Freizeitangeboten seines Vaters und insofern in seiner Willensbildung

---

[1] Quelle: Autor

beeinflusst (auch ohne, dass es dazu einer verbalen Einflussnahme durch seinen Vater bedarf). Es ist sicherlich ein legitimes Unterfangen, wenn Eltern sich um die Zuneigung und Liebe ihres Kindes bemühen. Problematisch ist hier allenfalls, dass es aus Sicht des Kindes vor allem *materielle Anreize* sind, welche seine Willensäußerung bestimmen. Es handelt sich um die vielzitierte „Schokoladenseite" eines Umgangs mit einem erzieherisch ansonsten wenig geforderten „Wochenend-Papa". Der Dialog mit dem Sachverständigen zeigt darüber hinaus, dass Kevin seine Mutter emotional nicht zurückweist und ihre Beziehungsangebote durchaus schätzt (wenngleich in der Prioritätenliste etwas niedriger angesetzt). Der Wille des Kindes erscheint hier zunächst als Ausdruck einer konsummatorischen Haltung in Bezug auf die Nutzung attraktiver Spielangebote und weniger als das Ergebnis einer Bindungs- und Beziehungsentwicklung zugunsten des betreffenden Elternteils. Der Kindeswille lässt sich darüber hinaus als relativ beständig über die Zeit (hier allerdings nur etwa vier Wochen nach Trennung der Eltern) einordnen. Er verweist aber auch gleichzeitig noch auf eine andere, eventuell als grundlegender einzuschätzende Motivlage: den Wunsch des Kindes nach einer Wiederherstellung der vormals strukturell intakten Familie. Der Sachverhalt deutet auf eine weitere Problematik hin, die für familiengerichtliche Entscheidungen oftmals mit ausschlaggebend ist: Entspricht der *geäußerte* Kindeswille dem *wahren* Kindeswillen, ist das, was das Kind uns mitteilt – verbal oder mimisch – gleichbedeutend mit einer entsprechenden Motivationslage? Im Falle von Kevin kann man wohl davon ausgehen, dass für ihn die materiellen Anreize tatsächlich der Hauptgrund für seine Willensäußerung sind. In anderen und häufigen Fällen befindet sich das Kind in einem *Loyalitätskonflikt,* es möchte keinem Elternteil „weh tun" und versucht dies durch betont neutrales oder erwartungskonformes Verhalten auszudrücken. Ein vielzitiertes Beispiel ist jenes, wenn das Kind in der Übergabesituation bei Anwesenheit der Mutter den Vater übertrieben zurückweisend oder „neutral" begegnet, seinen Willkommensgruß nicht beantwortet, sich jedoch diesem umso zugewandter zeigt, sobald die Mutter nicht mehr anwesend ist.

Die vorstehenden Ausführungen zusammenfassend, erscheint der Kindeswille in folgender Hinsicht beachtlich:

Willensäußerungen unterscheiden sich...

- je nach der *Heftigkeit* und *Nachdrücklichkeit,* mit welcher sie vorgebracht werden *(Stoßkraft* des Willens),
- je nach ihrer zeitlichen Erstreckung *(Beständigkeit),*
- je nach der Zahl unterschiedlicher Situationen, in denen sie geäußert werden *(Konsistenz* oder Invarianz über Situationen/Personen),
- je nach dem Ausmaß an „*rationaler Fundierung*" einerseits und einer „*emotionalen Aufladung*" andererseits (beides kann zusammen vorkommen mit unterschiedlicher Gewichtung),
- je nach (kognitiver) *Klarheit* der Erwartungen und Zustandsbeschreibungen von gedanklich vorweggenommenen Wunscherfüllungen *(Zielvorstellungen),*
- je nach den spezifischen Motiven, die sich in den Willensäußerungen manifestieren *(Motivationslage)* – und schließlich
- je nach dem Ausmaß an *Selbstbestimmtheit* (Autonomie).[2]

Alle diese Kriterien und Merkmale können in unterschiedlicher Ausprägung allein und zusammen vorkommen. Im Rahmen einer Diagnostik des „wahren" Kindeswillens kommt es darauf an, unter Beachtung der Erfordernisse des Kindeswohls zu einer angemessenen Einschätzung und Bewertung derselben zu kommen.

Einer negativen Bestimmung des Kindeswillens entspricht die Selbstschädigung. Das ist immer dann der Fall, wenn das Kind aufgrund mangelnder kognitiver und/oder sittlicher Reife nicht in der Lage ist, eine Gefährdungslage zu erkennen oder diese richtig einzuschätzen, oder wenn andere, objektive Gründe vorhanden sind. Als Beispiele werden häufig genannt: Das Kind möchte zu dem Elternteil, welcher sich eines sexuellen Missbrauchs schuldig gemacht hat und bei welchem eine Rückfallgefahr besteht, oder bei welchem eine Drogenabhängigkeit (einschließlich Alkoholismus) vorliegt. Letztlich wird man aber auch hier bereits in einem schweren Mangel an erzieherischer Befähigung –

---

[2] Dettenborn führt 4 Kriterien an: Zielorientierung, Intensität, Stabilität, Autonomie [5] S. 67/68].

oftmals auch mangelnde Erfüllung der Aufsichtspflicht – einen ausreichenden Grund für die Zurückweisung des Kindeswillens sehen müssen. In solchen Fällen ist auch der Willensäußerung des bereits weitgehend selbstbestimmungsfähigen Jugendlichen nicht zu entsprechen.

Bei den zuletzt genannten Gründen ist eine Gefährdung des Kindes offenbar und eine Entscheidung – etwa in der Frage, wo das Kind künftig wohnt – ist leichter zu fällen. Schwieriger ist die Situation dann, wenn der geäußerte Wille nicht dem entspricht, was das Kind wirklich will. Dann sind zwei Fälle zu unterscheiden: 1. Der Wille wird maßgeblich bestimmt durch psychische Vorgänge, mit denen die Lösung eines inneren Konfliktes oder einer belastenden Situation angestrebt wird; 2. Es handelt sich um einen fremdbestimmten Kindeswillen, den das Kind sich zu eigen gemacht hat. Beide Fälle können sowohl getrennt als auch aufeinander bezogen auftreten. Hier ein Beispiel aus einem Verfahren zum Umgangsrecht:

> Der zehnjährige Karl gibt auf Befragen gegenüber verschiedenen Personen mit fast gleichlautenden Worten immer wieder an, er wolle jetzt seinen Vater nicht mehr besuchen. Zuvor hatte er – wenn auch widerstrebend – Umgangskontakte zugelassen. Vorausgegangen war eine Situation, in welcher die Eltern heftig gestritten hatten (es ging um eine Urlaubsreise, die der Vater mit Karl hatte antreten wollen, die Mutter war dagegen). Die Regelung der Umgangskontakte war schon immer zwischen den Eltern strittig gewesen; seit ihrer Trennung, als Karl drei Jahre alt war, hat es dazu mehrere Gerichtsverfahren gegeben. In der Befragung gibt Karl an, dass es bei seinem Papa durchaus „schöne Zeiten" gegeben habe. Er schildert Episoden, in denen die Eltern sich heftig gestritten haben und fast nebenbei fällt der Satz „Das soll mal aufhören." Die Befragung ergibt, dass Karl sich sehnlichst wünscht, dass die Eltern nicht mehr streiten mögen und dass das der Fall ist, wenn er seinen Vater nicht mehr besucht. Er erklärt aber auf Nachfrage, dass Besuche beim Vater „vielleicht" später einmal wieder möglich sein könnten, will sich da aber nicht festlegen.[3]

Karls psychische Situation lässt sich am besten mit einem *Loyalitätskonflikt* umschreiben. Die seit Jahren erhöhte psychische Spannung

---

[3] Quelle: Autor.

kann durch Umgangsverweigerung zwar nicht gänzlich aufgelöst werden (um die Verweigerung aufrechtzuerhalten, muss permanent weiter psychische Energie aufgewendet werden), die subjektive Erwartung einer Beruhigung im Streit der Eltern wird aber zumindest vorübergehend zu einer Minderung derselben führen. Offen bleibt dabei zunächst die Frage, inwieweit Karl zugleich auch Erwartungen seiner Mutter erfüllt. Der Wille wäre dann wenigstens zum Teil auch dadurch bestimmt.

Loyalitätskonflikte sind in Sorge- und Umgangsrechtsstreitigkeiten recht häufig, wenn das Kind vor Trennung der Eltern eine Bindung zu beiden Elternteilen entwickelt hat und die Beziehung eventuell schon etwas weiter fortschritten und gefestigt ist. Das Kind versucht dann selbst, Lösungsansätze zu entwickeln, ist aber dennoch häufig damit überfordert, da es letztlich aufgrund fehlender Entscheidungsbefugnisse die Situation nicht auf längere Sicht kontrollieren kann. Zudem eröffnet sich hier mit einer eventuellen Entwicklung von Schuldgefühlen gegenüber dem „leer" ausgegangenen Vater (er wird ja emotional nicht gänzlich „verlassen") eine neue psychische Belastungsquelle, die wiederum ernsthaftere psychische Schäden (Verhaltensstörungen) nach sich ziehen kann. Wie sähe hier eventuell eine angemessene Lösung aus? Die Eltern kommen zu einer gütlichen Einigung, zu einem „Einvernehmen" in der Frage künftiger Umgangskontakte? (Schön wär's – das hätte man schon früher haben können!). Eine Möglichkeit bestünde darin, das Kind und die Eltern gänzlich aus Entscheidungsprozessen herauszunehmen, indem hier – wegen der hohen Zerstrittenheit der Eltern – nach gerichtlichem Beschluss ein *Umgangspfleger* eingesetzt wird. Dieser ist u. a. befugt, auch gegen den Willen der Eltern Maßnahmen zu treffen, von denen angenommen werden kann, dass sie den „wahren" Interessen des Kindes entsprechen. Der Umgangspfleger erhält den Auftrag, die Umgangskontakte des Kindes mit dem nicht betreuenden Elternteil zu organisieren, zu vermitteln und zu kontrollieren. Er kann beispielsweise bei der Abholung und dem Zurückbringen des Kindes anwesend sein – oftmals auch um ein persönliches Zusammentreffen der Eltern entweder zu entschärfen oder gänzlich zu verhindern. Der Umgangspfleger ist allerdings kein Umgangsbegleiter, d. h. während der Umgänge ist er nicht anwesend.

In unserem Beispiel ist sich Karl seines „Auftrages" zum Handeln (hier Umgangsverweigerung) bewusst, der Kindeswille ist eher rational begründet, auch weil Karl mit 10 Jahren schon ein gewisses Alter erreicht hat, welches Selbstreflektion und „strategisches Handeln" ermöglicht. Jüngere Kinder, welche dazu noch nicht in der Lage sind, entziehen sich oftmals dem Konfliktgeschehen, indem sie eine extreme Haltung einnehmen und ihre streitenden Eltern in einer Art von radikalem Schwarz-Weiß-Denken polarisieren. Ein Elternteil ist dann nur böse, nur schlecht, der andere nur lieb, nur gut. Das Kind schlägt sich bedingungslos auf eine Seite, Erinnerungen an „Gute Zeiten" mit dem abgelehnten Elternteil werden dann entweder weggeschoben und verdrängt oder bei Konfrontation umgedeutet. („Das hat er nur gemacht, weil er die Mama ärgern wollte"). Ich spreche hier von einem *Notprogramm*, welches das Kind entwickelt, um aus der Bedrängnis herauszukommen. Den Beteiligten im Gerichtsverfahren stellt sich dann die Aufgabe, dem Kind eine Alternative aufzuzeigen und es zu entlasten.

4.2 Welche Rolle spielt bei Willensäußerungen das Alter des Kindes?

Im vorangegangenen Abschnitt wurde bereits das Alter des Kindes angesprochen. Dabei geht es zunächst um die Frage, ob das Kind in einem bestimmten Alter überhaupt (schon) über einen eigenen Willen verfügt und es dazu befähigt ist, diesem adäquaten Ausdruck zu verleihen. Es ist immer problematisch, einen Entwicklungsfortschritt bei einem Kind allein mit dem (chronologischen) Alter zu begründen. Warum? Aus psychologischer Sicht ist Alter eine „Omnibusvariable", welche viele Fähigkeiten und Eigenschaften in sich vereinigt. Eine Aussage wie „Ein Kind kann sich schon die Schuhe selbst zubinden, weil es 5 Jahre alt ist" macht keinen Sinn, da Alter nicht die Ursache ist, sondern eher der Reife- und Entwicklungsstand des Kindes – beispielsweise bereits ausgeprägte Fähigkeiten in der Feinmotorik und der Kontrolle der Hände. Auch im obigen Beispiel ist es eher Karls Befähigung zu einer gedanklichen Durchdringung seiner Situation, die Fähigkeit, daraus Konsequenzen für das eigene Handeln abzuleiten, einen „Plan" zu entwickeln und diesen umzusetzen. Altersangaben liefern somit lediglich grobe Anhaltspunkte für eine Einordnung der Phänomene nach deren inhaltlicher Bedeutung für Verhalten und Erleben in einer bestimmten Situation. Ein weiteres Problem besteht darin, dass besonders in den frühen Lebensabschnitten die individuellen Unterschiede zwischen Kindern gleichen Alters beträchtlich sein können. Manche Eltern sind beunruhigt, wenn ihr Kind mit 12 Monaten noch nicht selbstständig Laufen kann, während das Kind vom Nachbarn schon ohne Hilfen rumläuft. Oder, wenn es sprachlich etwas zurückgeblieben erscheint. Aber alle Kinder – falls nicht durch Behinderung eingeschränkt – lernen Laufen und Sprechen in einem bestimmten Zeitraum, welcher von Kind zu Kind unterschiedlich ausfällt. Aus entwicklungspsychologischer Sicht sind die individuellen Unterschiede in den früheren Lebensabschnitten oftmals sehr groß; sie verringern sich dann mit zunehmendem Alter oder werden ganz ausgeglichen.

Auch für den Kindeswillen gilt, dass Altersangaben wenig zuverlässig sind, wenn es darum geht, überhaupt von einem eigenständigen Willen zu sprechen oder die Willensbildung des Kindes zugleich mit dessen Selbstbestimmungsfähigkeit in Einklang zu bringen. Wohl kann man annehmen, dass allgemein (!) mit zunehmendem Alter eine „rationale Durchdringung" der jeweiligen Lebenssituation – insbesondere das Verhältnis zu nahestehenden Personen betreffend – besser oder vollständiger gelingt, und dass die Gefahr einer Indoktrination des Kindes und Fremdbestimmung seines Willens damit abnimmt. Es ist aber keinesfalls berechtigt und entspricht nicht entwicklungspsychologischen Erkenntnissen, den Willen des kleinen Kindes (etwa ab dem 3. bis 4. Lebensjahr) aufgrund unzureichender Reife, oder als Ausdruck einer „nur emotionalen" Verfassung, als unbeachtlich abzutun. Wenn es um die Gewichtigkeit von Entscheidungen gegen oder entsprechend dem Willen des Kindes geht, so ist es in allen Fällen erforderlich, die möglichen – oder im speziellen Fall wahrscheinlichsten – Auswirkungen auf das Wohl des Kindes mitzubedenken: Ist der Wille Ausdruck einer „gewachsenen" Bindungsbeziehung zwischen Eltern und Kind, so wird man bei der dann im Vordergrund stehenden emotionalen Fundierung die Schwelle für eine möglicherweise gebotene Zurückweisung des

Willens höher ansetzen, als bei einer rationalen Willensentscheidung. Steht der Wille des Kindes in enger Beziehung zu einer emotional „tieferen" Beziehung zu einem Elternteil und drückt das Kind mit seiner Willensäußerung auch Loyalität zu diesem aus, so würde man, bei Zurückweisung des Willens, das Kind mehr schädigen, als dies bei einer „nur" rational verankerten Willensäußerung der Fall wäre. Zu bedenken ist jedoch, dass Unterscheidungen wie „emotional" oder „rational fundiert" künstlich sind und der Realität nur annähernd entsprechen, da menschliches Denken und Erleben immer beide Komponenten beinhaltet.

Wenn zuvor das dritte bis vierte Lebensjahr als untere Grenze genannt wurde, ab welcher der Kindeswille als potenziell beachtlich einzuordnen ist, so entspricht dies Erkenntnissen der Entwicklungspsychologie, wonach ungefähr ab diesem Alter zahlreiche grundlegende Kompetenzen im kognitiven, motivationalen und sozial-emotionalen Bereich vorhanden sind, welche es u. a. dem Kind ermöglichen, überhaupt erst einen beständigen, zielorientierten und – in Ansätzen – eigenständigen Willen zu formen.

Ein Autor, der sich ausgiebig mit dem Kindeswillen (in Bezug auf das Kindeswohl) auseinandergesetzt hat, ist *Dettenborn*. Er kommt zu der folgenden Schlussfolgerung:

> Erstaunlich früh, nämlich mit 3 bis 4 Jahren erwerben Kinder alle notwendigen psychischen Kompetenzen, um einen autonomen und stabilen Willen haben und äußern zu können *Deshalb ist der Kindeswille ab drei Jahren familienrechtlich bedeutsam und sollte in Personensorgeangelegenheiten ab diesem Alter festgestellt werden* [13], S. 74/75].

Der Kindeswille wird in der Regel im Rahmen einer gerichtlichen Anhörung des Kindes und – im Falle einer Begutachtung durch einen Sachverständigen – auf diagnostischem Wege erfasst und hinsichtlich seiner Beachtlichkeit bewertet. Die Anhörung durch den Familienrichter ist entsprechend §159 FamFG zwingend vorgeschrieben (zumeist in Anwesenheit des Verfahrensbeistands, nicht aber der Eltern). Dabei geht es vor allem um „die Neigungen, Bindungen und dem Willen" des Kindes.

Der nach unten begrenzte Beurteilungsspielraum für den Kindeswillen (hier 3. bis 4. Lebensjahr) findet in der Rechtsprechung keinen förmlichen Niederschlag, etwa durch eine entsprechende Gesetzesnorm Dagegen findet sich am oberen Ende die Angabe eines „vollendenten 14. Lebensjahres", ab welchem das Kind (der Jugendliche) das Recht hat, der Übertragung der elterlichen Sorge auf einen Elternteil zu widersprechen, selbst wenn der andere Elternteil die Sorgerechtsregelung akzeptiert. In jedem Fall muss jedoch eine Übertragung der Alleinsorge auf einen Elternteil dem Kindeswohl „am besten" entsprechen (§1671 BGB, Abs. 1, Satz 2). Diese (zweite) Bestimmung ist wichtig, denn sie bedeutet, dass auch hier das Kindeswohl Vorrang gegenüber Willensäußerungen eines bereits 14 Jahre alten, oder älteren, Kindes hat, beispielsweise bei Selbstgefährdung. Auch stellt die 14-Jahres-Regelung keinesfalls eine feste Altersgrenze dar. Auch das 10- oder 12-jährige Kind kann im Einzelfall bereits ausreichend selbstbestimmungsfähig sein, was in vielen Gerichtsverfahren berücksichtigt wurde. Aus psychologischer Sicht ist klarzustellen, dass jede Altersangabe aufgrund der damit gegebenen Festlegung auf Entwicklungsnormen problematisch ist und es eher auf den einzelnen Fall ankommt. Zudem ist anzunehmen, dass die Bedeutung von Altersnormen einem gesellschaftlichen Wandel unterliegt (man denke etwa an die Diskussionen zur Einführung eines Wahlalters mit 14 Jahren). Für sorgerechtliche Entscheidungen wird man somit anstatt des Alters eher darauf abstellen, inwieweit eine Kongruenz besteht zwischen dem Kindeswillen und anderen Indizien oder „objektiven" Tatsachen, welche für eine Beachtlichkeit sprechen. So wird man etwa dem Kindeswillen mehr Gewicht einräumen, wenn dieser im Hinblick auf den „bevorzugten" Elternteil mit solchen Kriterien wie die Erziehungskontinuität oder die Bindung des Kindes übereinstimmt.

> Vertreten Sie in der Verhandlung den Willen Ihres Kindes und wird das geringe Alter als Argument vorgebracht, auch den Willen als gering zu erachten, verweisen Sie darauf, dass bereits das vierjährige Kind in der Regel über ausreichende Kompetenzen verfügt, um einen eigenen Willen zu entwickeln und zu bekunden.

4.3 Wann entspricht der geäußerte Wille dem „wahren" Willen des Kindes – wann ist er beeinflusst oder induziert?

Es ist dies eine der am schwierigsten zu beantwortenden und dabei eine der am häufigsten gestellten Fragen in familiengerichtlichen Verfahren. Zunächst ist klarzustellen, dass es hierbei nicht darum geht, Erziehung generell unter den Verdacht einer (illegitimen) Beeinflussung zu stellen. Es entspricht dem Wesen von Erziehung und Betreuung, dass diese „Beeinflussung" in dem Sinne ist, dass Eltern oder andere Bezugspersonen auf das Kind liebevoll und verständig einwirken und dem Kind – wie allgemein gefordert – auch Werte vermitteln. Lediglich die auf Verunglimpfung, Herabwürdigung, auf erzieherisches Unvermögen oder auf eine konkrete Gefährdung des Kindes durch einen Elternteil abzielende Beeinflussung führt in der Regel zu einer Disqualifizierung des geäußerten Kindeswillens. Damit ist die Vorstellung verknüpft, dass der beeinflusste oder manipulierte Kindeswille nicht die Persönlichkeit des Kindes reflektiert und deshalb auch nicht zu beachten ist.[4] Es gibt allerdings Ausnahmen von dieser Regel. Zwei Fälle sind hier zu unterscheiden:

Erstens: Die Willensäußerung beinhaltet eine Verfälschung der wirklichen psychischen Verfassung des Kindes („rationalisierter Überbau", einstudierte Erklärungen und Haltungen); zweitens: Der Wille stimmt inhaltlich mit der psychischen Prägung überein, diese beruht aber selbst auf illegitimer Beeinflussung.

Lässt sich im erstgenannten Fall noch versuchen, das Kind zur Äußerung seiner wirklichen Gefühle und Haltungen zu ermuntern – oftmals hilft hierbei, es aus einem „Entscheidungszwang" zu befreien -, so stößt man im zweiten Fall, wenn das Kind sich die Inhalte der Beeinflussung zu eigen gemacht hat und gänzlich in diesen aufgeht, schnell an eine Grenze. Hier ist abzuwägen zwischen dem Schaden, dem man dem Kind bei Missachtung seines Willens zufügen würde, und demjenigen, welcher entstünde, wenn man diesem folgte (etwa bei

---

[4] Ich folge hier weitgehend der Darstellung von [3] S. 264–266.

begründeten Einwendungen gegen die Erziehungsfähigkeit des vom Kind bevorzugten Elternteils).

Wie lässt sich nun der induzierte Wille näher bestimmen? Wird dieser nicht bereits in der richterlichen Anhörung offenbar, so bedarf es dazu einer fachkundigen Beurteilung, für welche in der Regel der psychologische Sachverständige zuständig ist. Besondere Bedeutung kommt dabei der Verhaltensbeobachtung des Kindes in eventuell noch stattfindenden Umgangssituationen und in der Gesprächssituation selbst zu. Daneben sind diagnostische Verfahren einsetzbar (dazu weiter unten Kap. 5).

Im nachfolgenden Beispiel wird der fünfjährige Thomas vom Sachverständigen befragt. Thomas wohnt bei seiner Mutter, der Vater hat einen Antrag auf Übertragung des Aufenthaltsbestimmungsrechts gestellt mit der Begründung, dass Thomas von seiner Mutter gegen ihn eingenommen und ihm entfremdet werde. Bei der gerichtlichen Anhörung hat Thomas erklärt, er wolle bei seiner Mutter wohnen bleiben, seinen Vater aber weiterhin besuchen. Einer Begründung ist er ausgewichen. Nach einer längeren Einleitungsphase, in welcher der Sachverständige um das Vertrauen des Kindes geworben hat, ergibt sich der folgende Dialog:

> Sag mal, Thomas, was soll ich denn dem Gericht sagen, wo Du am liebsten wohnen willst – Bei der Mama – Warum? – Ich geh hier in den Kindergarten – Aber beim Papa gibt es auch einen Kindergarten – (überlegt) Da will ich nicht – Warum? – Ich geh auch bald zur Schule bei der Mama – Und beim Papa? – Der will das nicht. – Was will er nicht? – Dass ich zur Schule gehe. Aber meine Mama will das. – Das kann ich mir gar nicht vorstellen, dass der Papa das nicht will – (keine Antwort) – Was meinst Du? – Doch, ich weiß es – Hat der Papa das Dir gesagt – Ja – Oder hat es die Mama gesagt – Ja, die Mama – Wer hat es zuerst gesagt, der Papa oder die Mama? – Die Mama – Sag mal, Thomas, Du besuchst doch Deinen Papa manchmal. Ist das Okay? – Ja, der geht mit mir Fußball spielen. Wir waren im Schwimmbad, ich hab ihn getunkt, wir haben Eis gegessen – War das schön? – Ja. – Ist es beim Papa schön? – Ja – Und bei der Mama? – Auch.[5]

---

[5] Quelle: Autor.

Thomas übernimmt hier offensichtlich eine Position, die zunächst nicht seine eigene war. Wie viele Fünfjährige, möchte er bald zur Schule gehen und mit der Vereitelung dieses Wunsches – angeblich durch den Vater – ist seine Entscheidung zugunsten seiner Mutter gefallen. Seine Willensäußerung ist eher rational begründet, induziert von seiner Mutter, sie steht nicht in einem direkten Zusammenhang mit einer emotionalen Ablehnung des Vaters, mit welchem er offensichtlich gute Erfahrungen gemacht hat. Ohne Beeinflussung wäre es für Thomas kein Problem, auch beim Vater zu wohnen, eine Entscheidung für die ein oder andere Seite könnte dann von weiteren Kriterien abhängig gemacht werden, wie zum Beispiel die Erziehungskontinuität, die erzieherische Eignung der Eltern, die Bindungstoleranz, oder einfach nur die Angemessenheit der Tagesstruktur (z. B. Präsenzzeiten des Elternteils). In einem solche Fall kann grundsätzlich erwogen werden, den geäußerten Kindeswillen als weniger beachtlich einzuschätzen, wenn hinzukommt, dass Thomas tatsächlich einer massiven Beeinflussung durch seine Mutter unterliegt. (Das war hier nicht der Fall. Die Mutter erklärte, Thomas habe bezüglich der Einschulung „etwas falsch verstanden", die Eltern konnten sich schließlich einigen, Thomas blieb bei seiner Mutter).

Das Beispiel zeigt, dass der geäußerte Kindeswille als relativ losgelöst von den inneren Bindungen und der Beziehung des Kindes zu beiden Eltern erscheint. Es ist dies ein Sonderfall, da der beeinflusste Wille hier nicht gravierend in die emotionalen Verhältnisse des Kindes eingreift, sondern diese sozusagen „außen vor" lässt. Schwieriger zu beurteilen ist der häufigere Fall, bei welchem der induzierte (fremdbestimmte) Wille eine Verfälschung der tatsächlichen psychischen Verhältnisse des Kindes bewirkt. Auch hier sind zwei Möglichkeiten gegeben: Entweder wird der Wille von außen durch mehr oder weniger systematische und nachhaltige Beeinflussung induziert (*externale* Induktion), oder das Kind sieht sich innerlich gezwungen, nach außen eine Haltung einzunehmen, die mit seinen wirklichen Neigungen und Wünschen konfligiert. Eine solche *Selbstinduktion* findet sich weiter oben in Abschn. 4.1, wenn Karl mit einer Kontaktverweigerung gegenüber dem Vater eine Beruhigung im Streit seiner Eltern herbeiführen möchte.

Im Falle einer externalen Induktion ist die Quelle derselben in der Regel ein Elternteil, seltener die Großeltern (darunter am häufigsten die Schwiegereltern des nicht-abgelehnten Elternteils). Die im Verhalten des Kindes aufweisbaren Merkmale, welche im Einzelfall auf eine illegitime Beeinflussung hinweisen, variieren einerseits wiederum mit dem jeweiligen Reife- und Entwicklungsstand des Kindes in intellektueller und sozial-emotionaler Hinsicht (grob orientiert am Alter), andererseits mit den vom beeinflussenden Elternteil eingesetzten Mitteln. Nachfolgende Liste enthält für beides einige Beispiele:

- Das Kind weicht Fragen danach, was es möchte, zunächst aus. Es will sich nicht festlegen;
- der abgelehnte Elternteil wird verteufelt, der andere einseitig positiv bewertet (Polarisierung der Eltern);
- die Ablehnung wird „gebetsmühlenartig" mit gleichem Wortlaut wiederholt;
- das Kind vermeidet zunehmend Blickkontakt mit dem abgelehnten Elternteil;
- soll das Kind seine Ablehnung begründen, gerät es in Verlegenheit, es werden eher nichtssagende, undifferenzierte und unwahrscheinliche Begründungen gegeben (z. B. der Papa ist immer böse, er haut immer, die Mama ist immer lieb);
- absurde Rationalisierungen wie „Wir müssen uns einen neuen Papa suchen, der nicht raucht. Das macht krank;"[6]
- das Kind ist davon überzeugt, sich ganz allein entschieden zu haben, eine eigene Meinung zu haben. Es vertritt diese bzw. seinen Willen mit Nachdruck;
- das Kind verhält sich betont abweisend, wenn es vom Vater zur Mutter gebracht wird; sobald der Vater weg ist, geht es freudig auf die Mutter zu;
- der beeinflussende Elternteil beteuert auffällig häufig und nachdrücklich, das Kind solle sich frei entscheiden können;

---

[6] Zit. n. [4] S. 103.

- der beeinflussende Elternteil erklärt nachdrücklich, er sei anderer Meinung als das Kind, „aber das Kind will es, da kann ich nichts machen, ich kann es nicht zwingen, zum Papa zu gehen";
- der beeinflussende Elternteil spricht häufiger von „wir", wo das Kind oder er selbst gemeint ist;
- Geschenke, Briefe und Nachrichten vom abgelehnten Elternteil werden nicht an das Kind weitergegeben;
- der beeinflussende Elternteil sendet widersprüchliche Botschaften an das Kind, („Du weißt doch, dass Du zur Mama gehen darfst", dabei ein ärgerliches Gesicht).

In der Aufzählung betrifft der erstgenannte Punkt eine Situation, in welcher das Kind keine klare Willensbekundung von sich gibt. Das mag zunächst daran liegen, dass es in seiner Entwicklung noch nicht so weit fortgeschritten ist, was sich allerdings anhand von Fragen nach anderen Dingen leicht prüfen lässt. Manche Kinder verweigern hier eine Antwort, weil sie aufgrund eines Loyalitätskonfliktes keinen Elternteil zurückweisen oder benachteiligen wollen oder weil sie fürchten, von dem dann benachteiligten Elternteil zurückgewiesen oder gar bestraft zu werden. Die hier aufgeführten Faktoren können zusammen oder einzeln und in Kombination miteinander auftreten. Es bleibt einer fachkundigen und verständigen Einschätzung überlassen, die Schwelle zu bestimmen, bei deren Überschreitung der geäußerte Kindeswille als überwiegend beeinflusst einzuordnen ist.

Sind Sie zu der Überzeugung gekommen, dass Ihr Kind vom anderen Elternteil in seiner Willensbildung beeinflusst ist oder wird, machen Sie sich Notizen über Vorkommnisse, die Ihrer Meinung nach darauf hinweisen. Dabei geht es eher um konkrete Verhaltensweisen und Äußerungen des Kindes und des betreffenden Elternteils (was? wann? wo?), weniger um allgemeine Einschätzungen (z. B. „das Kind wird mir entfremdet"). Solche Protokolle sind wertvoll, wenn Sie das Wohl Ihres Kindes vor Gericht vertreten möchten.

4.4 Was versteht man unter dem *Elterlichen-Entfremdungs-Syndrom*?

Bei dem im Englischen als *Parental Alienation Syndrome* (PAS) bezeichneten Phänomen handelt es sich um eine Reihe von zusammen oder auch einzeln vorkommenden Sachverhalten, welche alle darauf abzielen, ein Kind von einem Elternteil zu entfremden und diesen Elternteil aus dem Leben des Kindes gänzlich zu verbannen. Über eine bloße Beeinflussung des Kindes, bei welcher noch Reste eines Eigenanteils an der Willensbildung vorhanden sein mögen, geht PAS[7] hinaus, indem das Kind einer konsequenten und nachhaltigen *Programmierung* unterzogen wird, an deren Ende die kompromisslose Verteufelung des abgelehnten Elternteils und die kritiklose Zuwendung zum bevorzugten Elternteil steht. Bei „voll entwickeltem" PAS spaltet das Kind seine Eltern auf: Der eine Teil wird kompromisslos verteufelt und ungerechtfertigt abgewertet, der andere Elternteil wird idealisiert und uneingeschränkt positiv dargestellt und bewertet. Das Kind wird vom betreuenden Elternteil aufgrund uneingeschränkter Verfügungsmacht manipuliert und mehr oder weniger systematisch (zuweilen auch unbewusst) vom anderen Elternteil entfremdet – bis hin zu einer feindseligen Ablehnung.

PAS wurde erstmalig 1985 von dem amerikanischen Kinderpsychiater Richard Gardner so genannt und umschrieben.[8] Zunächst in den USA, ab Mitte der 90ger Jahre auch in Deutschland, hat es Eingang in die wissenschaftliche Diskussion gefunden. Die Zahl der wissenschaftlichen und halb-wissenschaftlichen Publikationen zu PAS weltweit überstieg im Jahre 2010 bereits die Zahl 600, danach flachte das Interesse etwas ab. Von Anfang an wurde PAS hinsichtlich seiner Bedeutung für familienrechtliche Entscheidungen in der Fachliteratur sehr kontrovers behandelt und auch von Familiengerichten unterschiedlich bewertet.

---

[7] Die englische Bezeichnung bzw. das Kürzel PAS hat sich in der deutschsprachigen Literatur und in der Praxis der Rechtsprechung durchgesetzt – und wird somit hier beibehalten.
[8] Das Standardwerk *The Parental Alienation Syndrome* erschien 1992 [2].

Die folgende Klarstellung ist bedeutsam im Hinblick auf eine Verwendung von PAS und der daran anzuschließenden Kritik: PAS ist als ein „Syndrom" konzipiert. Damit ist eine bestimmte Konstellation von Symptomen oder Befunden gemeint, welche häufig zusammen oder auch gleichzeitig vorkommen. Syndrome beschreiben einen Sachverhalt und sagen noch nichts aus über die Ursachen für das Auftreten von Symptomen. Die Gewichtigkeit einzelner Symptome kann unterschiedlich ausfallen, man spricht dann von *Leitsymptomen* denen wiederum andere Symptome zuzuordnen sind. Für das weitere Verständnis von PAS ist auch wichtig, dass PAS allein anhand des Verhaltens des Kindes bestimmt wird, nicht aber aufgrund des Ausmaßes der Beeinflussung durch eine andere Person (in der Regel ein Elternteil). Dennoch wird das manipulative Verhalten des Erwachsenen zumeist „mitgedacht" oder gleich ursächlich mit der Symptomatik verknüpft, besonders wenn es in sorgerechtlichen Verfahren darauf ankommt, eine Entscheidung pro oder contra eines Elternteils herbeizuführen.

Nach Auffassung vieler Fachleute entsteht PAS aufgrund eines Zusammenwirkens des programmierenden, „Gehirnwäsche" betreibenden Elternteils und dem eigenen Beitrag des Kindes zur Herabwürdigung und Verunglimpfung des „feindlichen" anderen Elternteils. PAS kann jedoch nicht angewendet werden, wenn das Kind tatsächlich vom abgewerteten Elternteil missbraucht oder stark vernachlässigt wurde; es kommt eben darauf an, dass es sich um irrationale, nicht begründbare Vorwürfe und Unterstellungen handelt (bei Kindesmissbrauch wäre die Zurückweisung des Täters selbstverständlich mehr als begründet).

4.5 Welche Merkmale kennzeichnen PAS?

Gardner hat PAS mit insgesamt 8 Merkmalen *(Leitsymptome)* umschrieben. Neuere Forschungen haben gezeigt, dass zwar alle acht Hauptmerkmale in Fällen von diagnostiziertem PAS auftreten, dass es aber Unterschiede in der Häufigkeit des Auftretens gibt. Dementsprechend lassen sich zwei Leitsymptome und sechs weitere Symptome anführen, wobei das Vorkommen ersterer und das Auftreten von mindestens zwei zusätzlichen Symptomen zwingend erforderlich ist, um PAS zu diagnostizieren.[9]

Unter Benutzung der hier aufgeführten Kriterien wurde bereits von Gardner eine Gewichtung des Ausmaßes beziehungsweise der Schwere von PAS vorgeschlagen. Es umfasst drei Kategorien, welche einfach *mildes, moderates* und *schweres PAS* genannt werden. Auch hier handelt es sich um beschreibende Kategorien. So leistet das Kind bei der milden Form zwar zunächst Widerstand gegen einen Kontakt mit der Zielperson, freut sich aber an gemeinsamen Aktivitäten, wenn es bei ihr ist. Bei mittlerer Stärke ist der Widerstand schon ausgeprägter und Opposition ist bereits permanent vorhanden, wenn das Kind mit der Zielperson zusammen ist. Die stärkste Ausprägung schließlich beinhaltet aktive Kontaktvermeidung oder Weglaufen, wenn der Kontakt erzwungen wurde. Und schließlich kann man auch noch aufseiten der entfremdenden Person unterschiedliche Stärkegrade umschreiben. Noch „naive" Personen machen negative Kommentare über den anderen Elternteil, jedoch ohne bereits ernsthaft die Beziehung des Kindes zu diesem infrage zu stellen. Ein Vater könnte beispielsweise zu seiner 12-jährigen Tochter sagen „Wenn Du bei der Mama bist und Dich fürchtest, ruf mich an, ich komme sofort" (milde Form der Entfremdung) – oder „Ich vertraue dem Freund Deiner Mama nicht. Als Du letzte Woche dort warst, hat er nach Dir geschaut, als Du im Bad warst, und hat er Dich irgendwo angefasst?" (moderate Form) – und „Ich bin sicher, dass der neue Freund Deiner Mama Dich missbrauchen will. Wenn er Dir zu nahekommt, ruf sofort den Notruf an und sage, er hat Dich missbraucht."

Kriterien für die Diagnose von PAS
Die folgenden beiden Verhaltensweisen sind erforderlich:

- *Verunglimpfung der Zielperson*. Das Kind äußert in einer Art Litanei häufig Beschwerden, manche sind trivial, viele falsch oder irrational. Das Kind leugnet nachdrücklich, jemals gute Zeiten mit der Zielperson gehabt zu haben, obwohl das deutlich nicht der Fall ist.

---

[9] Ich folge hier der Darstellung von [11], Box 1.2 S. 17; Übersetzung (gekürzt) vom Autor.

- *Absurde Rationalisierungen.* Die auf Hass und Verachtung hindeutenden Reaktionen des Kindes sind unbegründet und unangemessen in Bezug auf die angegebenen Vorfälle und Umstände. Das Kind mag angeben, Angst zu haben, doch es fehlen dafür typische Anzeichen.

Von den folgenden 6 Haltungen und Verhaltensweisen sind mindestens 2 erforderlich:

- *Fehlende Ambivalenz.* Das Kind zeigt Alles-oder-Nichts-Denken. Es idealisiert den entfremdenden Elternteil und wertet den angezielten Elternteil ab.
- *Betonung von Unabhängigkeit im Denken.* Das Kind erklärt stolz, seine Entscheidung, die Zielperson zurückzuweisen, ganz allein getroffen zu haben und ganz ohne jegliches Zutun des entfremdenden Elternteils.
- *Der entfremdende Elternteil wird reflexartig unterstützt und gegen Vorwürfe in Schutz genommen.* Das Kind nimmt bei elterlichen Auseinandersetzungen ohne Zögern und automatisch die Position des entfremdenden Elternteils ein.
- *Fehlende Schuldgefühle in Bezug auf die Verunglimpfung und „Misshandlung" der Zielperson.* Das Kind kann oppositionell, rüde, respektlos und sogar gewalttätig gegenüber der Zielperson sein und zeigt dabei wenig oder keine Reue.
- *Geborgte Szenarien.* Das Kind äußert sich wiederholt mit gleichen Worten wie der entfremdende Elternteil. Es kann aber diese nicht näher erläutern.
- *Übertragung der vom Kind ausgehenden Feindseligkeit auf weitere Personen der Familie des abgelehnten Elternteils.* Negative Gefühle wie Hass und Verachtung richten sich häufig auch auf Familienangehörige und Freunde der Zielperson, auch wenn das Kind keinen oder wenig Kontakt mit diesen hat. Es kommt sogar vor, dass sich der Hass auf Haustiere der Zielperson erstreckt.

PAS wird entsprechend der aufgeführten Kriterien diagnostiziert und von seinen Verfechtern (darunter Sachverständige und andere Beteiligte) schließlich als psychische Störung mit Krankheitswert in die Verhandlung eingebracht. Dort hat das Konzept zumeist die Funktion, den (angeblich) entfremdenden Elternteil als erzieherisch ungeeignet und als eine Gefahr für das Wohl des Kindes auszuweisen und letztlich zu verurteilen. Die Reaktion von Familien- und Oberlandesgerichten auf PAS als Mittel zur Durchsetzung einer Position im Sorgerechtsverfahren fällt jedoch durchaus unterschiedlich aus. Während beispielsweise das OLG Frankfurt im Beschluss vom 26.10.2000 [9] „in hartnäckigen Umgangsrecht-Verweigerungsfällen (PAS) als letztes Mittel den Entzug der elterlichen Sorge" in Betracht zieht, haben andere Gerichte darauf verwiesen, dass PAS allein nicht ausschlaggebend ist für einen Umgangsausschluss des nicht-betreuenden Elternteils. In dem Verfahren wurde vom zuständigen Senat dargelegt, „dass die Kinder [hier 9 und 10 Jahre alt] unter einer ausgeprägten psychischen Störung leiden, die bereits Krankheitswert erreicht hat und in der Fachliteratur PAS (Parental Alienation Syndrome) bezeichnet wird." Es war davon auszugehen, dass die Kinder, die ihren Vater nicht besuchen wollten, manipuliert waren und dass somit ihre Willensäußerung „nicht ihrem natürlichen Willen" entspricht. Trotzdem wurde dem entfremdeten Elternteil ein Umgangsrecht eingeräumt, allerdings zunächst in Form eines beschützten Umgangs im Beisein von fachkundigen Personen [7]. Ein weiteres Beispiel, in welchem entgegen der Willensäußerung der betroffenen Kinder der Antrag der Mutter auf alleiniges Sorgerecht zurückgewiesen wurde, wird durch Beschluss des Berliner Senats für Familiensachen vom 20.05.2000 dokumentiert. Hier hatte laut Überzeugung des Senats und der Sachverständigen der Vater die Kinder „wegen nicht verarbeiteter Trennungsproblematik" bereits so weit „emotional missbraucht", dass dies dem Bild eines mittelschweren PAS entsprach. Dem Antrag des Vaters, ihm das alleinige Sorgerecht zu übertragen, wurde nicht stattgegeben, was wie folgt begründet wurde: „Der geäußerte Wille der Kinder, beim Vater leben zu wollen, steht dem nicht entgegen, wenn davon auszugehen ist, dass sich die Willensrichtung der Kinder ändern wird, wenn sie nicht mehr dem programmierenden väterlichen Einfluss ausgeliefert sind "[3].

Gerade das zuletzt aufgeführte Beispiel zeigt, dass auch eine gezielt herbeigeführte Entfremdung des Kindes vom anderen Elternteil eine „Bumerangeffekt" zur Folge haben kann und schließlich der entfremdende Elternteil leer ausgeht. Allerdings erscheint die Vermutung, die Kinder würden ihren Willen „umdrehen", wenn sie erst dem Einfluss des entfremdenden Elternteils entzogen würde, etwas gewagt: Zum einen ist es ein Ergebnis eines massiven Entfremdungsprozesses, dass der damit herausgeformte Kindeswille relativ fest in der Persönlichkeit des Kindes verankert ist und insofern dem „wahren" Willen entspräche, andererseits folgt daraus, dass dessen Abänderung oder gar „Umkehr" kaum ohne eine erneute Gefährdung des Kindeswohls vonstattengehen dürfte; es wären dann unterstützende Maßnahmen erforderlich.

Die angeführten Beispiele – sie ließen sich beliebig erweitern – verweisen auf eine Problematik in der Konzeption und Anwendung des PAS, welche bereits mit der Grundannahme gegeben ist, es handele sich dabei um ein selbstständiges „Syndrom mit Krankheitswert" beziehungsweise um eine „seelische Erkrankung" (bereits Gardner spricht von einer „Gehirnwäsche"), welche somit ernst genommen werden und entsprechende Konsequenzen in der Praxis der Sorgerechtsregelungen haben müsse. Die Einwände gegen „PAS als Erkrankung" haben jedoch dazu geführt, dass PAS bisher nicht in eines der derzeit weltweit angewandten Klassifikationssysteme für psychische und psychiatrische Erkrankungen aufgenommen wurde.[10] Als Argument wurde u. a. vorgebracht, PAS würde damit eher als „Krankheit" anerkannt und somit dazu beitragen, dass diesem bei gerichtlichen Auseinandersetzungen zum Sorgerecht mehr Aufmerksamkeit zuteil käme, als dies wissenschaftlich gerechtfertigt ist. Nachfolgend sind die wichtigsten Einwände gegen PAS (nebst einigen Anmerkungen) aufgeführt.

4.6 Was kann man zu PAS kritisch anmerken?

1. PAS bezieht sich zunächst allein auf Verhalten und Einstellungen des Kindes, welche zusammengenommen eine mehr oder weniger starke Ablehnung eines Elternteils signalisieren. Daran wäre nichts auszusetzen,

---

[10] *Diagnostic and Statistical Manual of Mental Disorders* (DSM-5) der Amerikanischen Gesellschaft für Psychiatrie (APA) und *International Classification of Diseases* (ICD-10) der Weltgesundheitsorganisation (WHO).

wenn nicht gleichzeitig mit der Diagnose PAS eine Ursachenzuschreibung erfolgte, welche fast ausschließlich denjenigen Elternteil, bei welchem das Kind lebt, als „Täter" ausmacht, mit welchem das Kind sich übermäßig und mit Ausschlusscharakter (keine andere Person kommt infrage) identifiziert hat. Einige Autoren gehen sogar so weit, einen entfremdenden Anteil des betreuenden Elternteils gleich mit in die Definition von PAS miteinzubeziehen.[11] Die Frage, ob das Kind eventuell auf ein missbräuchliches oder anderweitig verletzendes oder herabwürdigendes Verhalten des nicht-betreuenden Elternteils reagiert – und zwar durchaus angemessen, beispielsweise mit Umgangsverweigerung –, wird bei einer solchen Einengung der Perspektive gar nicht erst gestellt. In der klinischen Psychologie kennt man den Begriff *labeling* (etwa Etikettierung) und meint damit, dass eine Person – oftmals lebenslang – mit einer bestimmten Diagnose „abgestempelt" ist. Indem der Fokus auf die (angeblich) entfremdende Person gelegt wird, besteht die Gefahr, dass eine tatsächliche Bedrohung des Kindes durch die Zielperson leicht übersehen oder bagatellisiert wird. Gleichzeitig werden Bemühungen des betreuenden Elternteils negiert, das Kind zu schützen.

Einer einseitigen (und vorschnellen) Ursachenzuschreibung, wonach PAS dem manipulativen Einwirken eines Elternteils zuzuschreiben ist, könnte mit einer konzeptionellen Trennung des von dem betreuenden Elternteil ausgehenden Einflusses auf das Kind generell und den beim Kind diagnostizierten Verhaltenscharakteristika, welche eventuell als PAS umschrieben werden können, erreicht werden. So ließe sich eventuell zwischen PAS (Merkmale beim Kind) und dem „Erziehungsstil" der betreuenden Person unterscheiden. Um beide miteinander kausal zu verknüpfen, bedarf es dann einer Theorie, welche PAS eventuell auf einen dysfunktionalen Erziehungsstil des betreuenden Elternteils – etwa im Sinne feindselig-aggressives Erziehungsverhaltens – zurückführt, aber auch andere Möglichkeiten der Verknüpfung zulässt [8].

2. PAS wurde bisher nicht in eines der gebräuchlichen Manuale für psychische Störungen aufgenommen[12] und sei deshalb auch nicht als

---

[11] z. B. [5]
[12] DSM-5, ICD-11 (s. Fn. 9).

psychische Störung ernst zu nehmen oder existiere gar nicht. Der Einwand ist insofern wenig stichhaltig, als es nicht darauf ankommt, ein Phänomen durch Aufnahme in ein gängiges Klassifikationssystem sozusagen „wissenschaftlich zu adeln";[13] es geht eher darum, ob PAS als ein dysfunktionales Muster in Eltern-Kind- und Eltern-Eltern-Beziehungen mit ausreichender Präzision umschrieben und von anderen Störungen abgegrenzt werden kann. Schließlich geht es nicht um Bezeichnungen, sondern um Inhalte. Insofern gibt es in den genannten Manualen durchaus Hinweise auf psychische Störungen, welche mit der Symptomatik eines PAS konkurrieren oder gar gleichgesetzt werden können. Als mögliche Alternativen zu PAS hätten diese den Vorteil, allgemein als psychische Störungen akzeptiert zu sein. Im DMS-5 (s. Fn. 9) betrifft dies Störungen, die unter dem Titel „Beziehungsprobleme" und speziell *Eltern-Kind-Beziehungsprobleme* eingeordnet sind, beispielsweise Überbehütung, extremer elterlicher Druck, verbale Attacken bis hin zu körperlicher Bestrafung, Alleinlassen des Kindes mit Problemen. Eine spezielle Abteilung ist Auflösungserscheinungen der Familie bei Trennung und Scheidung gewidmet, wobei insbesondere der Bereich *Psychischer Missbrauch des Kindes* (physischer und sexueller Missbrauch sind eigenen Kapiteln zugeordnet) besonders hervorgehoben wird. Geradezu „maßgeschneidert" für die PAS-Symptomatik erscheint ein weiteres Störungsbild, welches als *Münchhausen-Stellvertreter-Syndrom* in die Literatur eingegangen ist. Es wird meist von Müttern zum Nachteil ihres Kindes praktiziert, wobei dem Kind künstlich Krankheitssymptome oder körperliche Verletzungen zugefügt werden mit der Absicht, es medizinisch oder psychisch zu schädigen. Oder es werden dem Kind Krankheiten aufgezwungen und deren Behandlung wird blockiert. Es handelt sich um eine subtile Form von Kindesmisshandlung.

---

[13] Den Befürwortern von PAS ist offensichtlich viel daran gelegen, dass PAS in die Klassifikationssysteme psychischer Störungen aufgenommen wird. So spricht einer von ihnen davon, dass „diese bestimmte Form von psychischer Kindesmisshandlung im DSM-5, dem aktuellen Diagnostic and Statistic Manual der American Psychiatric Association (APA) unter der Diagnoseziffer V 995.51 (child psychological abuse) verortet ist" [16]. Was immer mit „verortet" gemeint ist – PAS wurde bisher definitiv in keines der weltweit führenden Manuale aufgenommen.

Auch in dem in Deutschland verwendeten Klassifikationssystem ICD-10 (11. Fassung folgt Anfang 2022) finden sich Störungsbilder, die inhaltlich dem PAS nahekommen, so im Abschnitt *Störungen des Sozialverhaltens* und im Unterkapitel *Auf den familiären Rahmen beschränkte Störungen des Sozialverhaltens* (u. a. „dissoziales und aggressives Verhalten, das vollständig oder fast völlig auf den häuslichen Rahmen oder auf Interaktionen mit Mitgliedern der Kernfamilie oder der unmittelbaren Lebensgemeinschaft beschränkt ist").

3. Ist PAS nur ein „Randphänomen" bei elterlichen Auseinandersetzungen nach Trennung und Scheidung? Und wird – falls zutreffend – dessen Bedeutung damit überschätzt? Die vorliegenden Zahlen zur Verbreitung des Phänomens in Trennungs- und Scheidungsfamilien sind stark schwankend und wohl nicht unabhängig von der Haltung ihrer Protagonisten zu sehen. Gardner sprach aufgrund eigener, empirisch nicht abgesicherter Beobachtungen, von bis zu 90 % (spätere Schätzung: 40 %) Vorkommen in Familien mit sorgerechtlichen Auseinandersetzungen, wobei insbesondere seine Schätzung des Anteils an fälschlichen Anschuldigungen von sexueller Übergriffigkeit zu hoch angesetzt erscheint (nach anderen Studien weniger als 2 %) [1]. Andere Autoren kamen zu weitaus geringeren Zahlen, etwa im Bereich von 20 % bei hochkonflikthaften elterlichen Auseinandersetzungen [12]. Wiederum andere Zahlen bewegen sich zwischen 7 und 55 %, im Mittel zwischen 20 und 30 % [17]. Für Deutschland haben sich die Zahlen inzwischen auf 15–20 % eingependelt.

Fragt man, wie die unterschiedlichen Häufigkeitsangaben zustande kommen, so mag dies einerseits an unterschiedlichen und kaum zu vergleichenden Probandengruppen liegen, bei denen die Daten erhoben wurden, an unterschiedlichen Definitionen von PAS und am Erfahrungsumfang der Beurteiler; andererseits erscheint hier die Unterscheidung von leichten, mittelschweren und hochgradigen PAS-Fällen problematisch, da nähere Angaben, wie sich dies drei Intensitätsstufen auf die Gesamtzahl der Fälle verteilen, fehlen. Schwere Fälle von PAS sind eher selten. Die Diagnose PAS wird jedoch in der Regel pauschal gestellt, was zur Folge hat, dass eine schwere Symptomatik auf leichte und mittelschwere Fälle, welche besser anders einzuordnen sind, generalisiert wird.

Abhilfe könnte hier schaffen, die Einteilung in drei Kategorien aufzugeben, und allein jene Fälle im Kontext von PAS weiter zu betrachten, welche den von Gardner und anderen genannten Kriterien voll entsprechen.

4. PAS verweist einseitig auf ein Verschulden des entfremdenden Elternteils und berücksichtigt nicht den Eigenanteil des Kindes als Teil der Trennungs- und Scheidungsfolgen. Dettenborn hat darauf hingewiesen, dass „die Allianzbildung des Kindes mit einem Elternteil und die rigorose, nicht nachvollziehbare, feindselige Abwendung vom anderen Elternteil auch eine sinnvolle Strategie der Stressbewältigung durch das Kind" sein können [4, S. 106]. Das Kind ist von Anfang an in die elterlichen Auseinandersetzungen verwickelt. Es versucht dann selbst eine Strategie zu entwickeln, die es ihm ermöglicht, vielleicht „irgendwie" seine psychische Stabilität noch aufrecht zu erhalten. Ein solches „Notprogramm" kann darin bestehen, die Eltern nach „gut und böse" zu polarisieren, oder den zuvor festgelegten Umgang zu verweigern (siehe das Beispiel Karl, Abschn. 4.1). Da nach Trennung/Scheidung das Kind in der Regel bei einem Elternteil lebt (der betreuende Elternteil), besteht die Neigung, den nicht mehr anwesenden Elternteil als denjenigen auszumachen, der die Teilauflösung der Familie verursacht hat. Der geäußerte Wille – etwa den Umgang zu verweigern – kann dann als ein Akt der Selbstbestimmung gesehen werden. Zugleich würde dies den angeblich entfremdenden Elternteil entlasten. Eine in gewisser Weise vom Kind „selbstgemachte" Ablehnung eines Elternteils und die damit einhergehende Überidentifikation mit dem betreuenden Elternteil erscheinen auf diesem Hintergrund wenig geeignet, sofort eine PAS-Diagnose auszulösen. Ihr würde auch die Anerkennung bei familienrechtlichen Verfahren versagt werden.

5. Als besonders problematisch wird von Kritikern des PAS-Konzeptes die dem Kind schließlich auferlegte „Kur" bewertet. Als erste Maßnahme – es ist zugleich diejenige, welche in Sorgerechtsverfahren vom entfremdeten Elternteil angestrebt wird – wird die Übertragung des alleinigen Sorgerechts oder eine eventuell vorübergehende Fremdunterbringung (Bereitschaftspflege, Heim) für erforderlich gehalten. Der Kindeswille spiele dabei keine Rolle. Da er manipuliert sei, komme

ihm keine Bedeutung zu und im Übrigen dürfe das „Rechtsgut Umgang keinesfalls vorschnell irgendwelchen ‚Willensäußerungen' geopfert werden" [9, S. 268]. Gardner empfahl, selbst in Fällen einer fast symbiotischen Beziehung des Kindes mit dem betreuenden Elternteil die sofortige Herausnahme des Kindes aus der gewohnten Umgebung und einen konsequenten Kontaktabbruch mit diesem. Aus psychologischer Sicht entspricht dies einer *Traumatisierung*. Sie wird von den PAS-Verfechtern zunächst als unvermeidbar hingenommen, höchstens therapeutisch begleitet, zumeist aber auch unbehandelt gelassen, da das Kind sich angeblich nach einiger Zeit von alleine den neuen Verhältnissen anpasse. Soweit dennoch eine Therapie erfolgt, entspreche es dem Kindeswohl, das Kind zu einem Umgang mit dem entfremdeten Elternteil zu zwingen, notfalls auch Gewalt anzuwenden. Von Gardner stammt der Satz: „Therapeuten, die nicht mit der ‚Droh-Therapie', wie ich sie nenne, zurechtkommen, sollten nicht mit PAS-Familien arbeiten" [8, S. 36]. Auch eine Therapie des entfremdenden Elternteils wird abgelehnt, da diese kaum Erfolgsaussichten habe und zudem die Zeit dann für den entfremdenden Elternteil arbeite und sich der Zustand des Kindes damit weiter verschlimmere.

Entgegen der Annahme der PAS-Befürworter, dem Willen des Kindes dürfe im Falle von PAS nicht entsprochen werden, wurde von anderen Forschern davor gewarnt, einen Kontakt mit dem abgelehnten Elternteil gerichtlich zu erzwingen, da die Erfolge einer solchen Maßnahme „dürftig sind" und „die Abbruchs- und Verweigerungsquote hoch" sei [4, S. 229]. Klinische Psychologen und Therapeuten, die einen „humaneren" Ansatz beim Umgang mit PAS-Kindern verfolgen, haben darauf hingewiesen, dass in vielen Fällen das Kind später von alleine die Nähe zu dem entfremdeten Elternteil sucht und die frühere, funktionierende Beziehung wiederherstellt [15]. Es wäre dann allerdings eine Wartezeit und eine entsprechende Kooperation des entfremdeten Elternteils erforderlich.

6. Das PAS-Konzept hat aufgrund theoretischer und methodischer Schwächen von Anfang an sehr kontroverse Diskussionen ausgelöst und schließlich dazu geführt, dass bis heute Befürworter und Kritiker sich weitgehend unversöhnlich gegenüberstehen. Verstärkt wird dieser Effekt durch eine zweite, eher ideologisch eingefärbte Strömung, die nicht

unmittelbar auf das Wohl des Kindes abzielt, sondern eher die elterlichen Rechte „am Kind" und eine als ungerecht empfundene, einseitige „Bevorzugung" von Müttern bei sorgerechtlichen Entscheidungen betont. Mit der „Verfügbarkeit" von PAS als eine mächtige Waffe im „Kampf um das Kind" erhoffen sich vor allem Väter nach Trennung und Scheidung eine Stärkung ihrer Position als allein- oder mitsorgender Elternteil. Nicht ohne Selbstironie (es handelt sich um eine Autorin) ist der folgende Satz zu verstehen: *Die Befürworter der Theorie der Eltern-Kind-Entfremdung haben ein stereotypes Bild von unerbittlich feindseligen Müttern geschaffen, die durch Egoismus und Unvernunft ihren Kindern schaden, indem sie sich hartnäckig weigern, den Kontakt zum Vater zu erlauben.*[14] Dahinter steht die Ansicht, dass mit einer Berufung auf PAS es Vätern uneingeschränkt ermöglicht werde, die Mutter des Kindes für den Beziehungsabbruch mit ihrem Kind verantwortlich zu machen. Umgekehrt sehen Mütter darin gleichfalls eine Verleumdungskampagne. Das *Parental Alienation Syndrome* wird so zu einem *Parental Accusation Syndrome* [Elterliches Beschuldigungs-Syndrom] welches aus strategischen Gründen in Gerichtsverfahren eingesetzt wird, um den Kontrahenten herabzusetzen [5, S. 3]. Die Strategie hat offensichtlich Erfolg, wie durch eine amerikanische Studie aus dem Jahre 2019 deutlich wird: Bei Durchsicht von Gerichtsentscheidungen (über einen Zeitraum von 10 Jahren) zeigte sich, dass Müttern fast doppelt so häufig das Sorgerecht entzogen wurde, wenn ihnen von Vätern PAS unterstellt wurde (44 %), verglichen mit Vätern, denen von Müttern PAS unterstellt wurde (28 %). Eindrucksvoll belegen auch die Zahlen zur Übertragung des Sorgerechts vom einen auf den anderen Elternteil einen *Genderbias* (Voreinstellung nach Geschlecht): von der Mutter (PAS) zum Vater (284 von 1.111 Fällen) 26 %, vom Vater (PAS) zur Mutter (63 von 468 Fällen): 14 % [12]. Für Deutschland liegen leider keine vergleichbaren Studien vor, es würde jedoch überraschen, wenn sich der Trend hier umkehren oder zumindest einebnen würde. Jedenfalls scheint eine Strategie, wonach der vom Kind abgelehnte Vater der

---

[14] Quelle: https://die-mias.de/blog/2020/05/29/eltern-kind-entfremdung-internationale-forschung-sonderausgabe-2020/ (abgerufen 20.07.2021).

Mutter PAS unterstellt, durchaus erfolgversprechender zu sein als im umgekehrten Fall. Mit den erhöhten Chancen verbindet sich zugleich die Besorgnis einer Instrumentalisierung von tatsächlichen oder vermeintlichen PAS-Fällen, welche nicht so sehr auf das Wohl des Kindes abzielt, sondern eher egoistischen Motiven (Rache? Macht?) in der Nachtrennungs- oder Nachscheidungsphase geschuldet ist.

Wissenschaftlicher Status und praktische Bedeutung von PAS werden aus fachlicher Sicht sehr kontrovers beurteilt. Im familiengerichtlichen Verfahren führt dies zu einer eher zurückhaltenden Rezeption. Sorge- und umgangsrechtliche Entscheidungen orientieren sich auch weiterhin an den bekannten Kindeswohlkriterien, insbesondere dem Kindeswillen und der Bindungstoleranz.

> Eltern sind somit gut beraten, wenn sie sehr sorgfältig einen Verdacht auf PAS prüfen, bevor sie diesen äußern. Darauf sollte verzichtet werden, wenn nicht überzeugend ein hochgradiger Fall von PAS (eventuell anhand der oben aufgeführten Kriterien) beschrieben werden kann. Auch wenn PAS im einzelnen Fall vom Gericht als Störung oder gar als „Krankheit" anerkannt wird, folgt daraus nicht automatisch, dass die entfremdende Person ihr Sorge- oder Umgangsrecht verliert. Für Eltern und andere Beteilige gilt deshalb die Empfehlung, ihre Argumentation lieber auf Kriterien zu stützen, wie sie in den Klassifikationssystemen DSM-5 und ICD-10 (bzw. 11) aufgeführt werden. (Eventuell wäre dazu Unterstützung durch eine fachkundige Person einzuholen).

Literatur

1. Balloff, R. (2018). *Kinder vor dem Familiengericht* (3. Aufl.). Nomos.
2. Berliner Senat für Familiensachen. (2000). Aktenzeichen 17 UF 1413/99, *FamRZ*, 1606–1607.
3. Coester, M. (1983). *Das Kindeswohl als Rechtsbegriff* (S. 264–266). Metzner.
4. Dettenborn, H. (2001). *Kindeswohl und Kindeswille*. Reinhardt.
5. Fegert, J. M. (2001). Parental Alienation oder Parental Accusation Syndrome? *Kindschaftsrechtliche Praxis, 4*, 3–7.

6. Gardner, R. A. (1992). *The parental alienation syndrome*. Creative Therapeutics.
7. Gardner, R. A. (2001). Should courts order PAS-children to visit/reside with the alienated parent? A follow-up study. *American Journal of Forensic Psychology, 19*, 61–106. (deutsch: Sollten Gerichte anordnen, dass an PAS leidende Kinder den entfremdeten Elternteil besuchen bzw. bei diesem wohnen? Eine Verlaufsstudie. In: R. A. Gardner (2010). *Das Elterliche Entfremdungssyndrom (Parental Alienation Syndrome/PASD). Anregungen für gerichtliche Sorge- und Umgangsregelungen. Eine empirische Untersuchung* (S. 36). VWB-Verlag für Wissenschaft und Bildung.
8. Johnston, J. R. (1993). Children of diovorce who refuse visitation. In C. E. Depner & J. H. Bray (Hrsg.), *Nonresidential parenting* (S. 109–135). Sage.
9. Jopt, U., & Behrend, K. (2000). Das Parental Alienation Syndrome (PAS). Ein Zwei-Phasen-Modell (Teil 2). *Zeitschrift für Jugendrecht, 87*, 258–271.
10. Kelly, J. B., & Johnston, J. R. (2001). The alienated child: A reformulation of parental alienation syndrome. *Family Citation Review, 39*, 249.
11. Lorandos, D., Bernet, W., & Sauber, S. R. (2013). Overview of parental alienation. In D. Lorandos, W. Bernet, & S. R. Sauber (Hrsg.), *Parental alienation. The handbook for mental health and legal professionals* (S. 5–46). Ch. Thomas.
12. Meier, J.S., Dickson, S., O'Sullivan, C., Rosen, L., & Hayes,J. (2019). *Child Custody Outcomes in Cases Involving Parental Alienation and Abuse Allegations*. Social. Social Science Research Network.
13. OLG Frankfurt a. M. (2001). Aktenzeichen 6 WF 168/00, *FamRZ*, 638–639.
14. OLG Zweibrücken (2006). Aktenzeichen 6 UF 4/05, *FamRZ*, 144–145.
15. Thoennes, N., & Tjaden, P. G. (1990). The extent, nature, and validity of sexual abuse allegations in custody/visitation disputes. *Child Abuse and Neglect, 151*, 160.
16. von Boch-Galhau, W. (2018). Parental Alienation (Syndrome) – Eine ernst zu nehmende Form von psychischer Kindesmisshandlung. *Neuropsychiatrie, 32*, 133–148. https://doi.org/10.1007/s40211-018-0267-0
17. Wallerstein, J. S., & Kelly, J. B. (1980). *Surviving the breakup: How children and parents cope with divorce* (S. 115–116). Basic Books.
18. Warshak, R. A. (2006). Severe cases of parental alienation. In D. Lorandos, W. Bernet, & S. R. Sauber (Hrsg.), *Parental alienation. The handbook for mental health and legal professionals* (S. 125–162). Thomas.

5
Die Begutachtung zum Sorgerecht

Eingangs dieses Buches wurde bereits auf die besondere Rolle des Sachverständigen bei der Begutachtung in sorge- und umgangsrechtlichen Verfahren hingewiesen. Von Kritikern oftmals als „heimlicher Richter" bezeichnet, ist dieser in besonderem Maße gefordert und gleichzeitig zur Einhaltung bestimmter Richtlinien bei der Gutachtenerstellung angehalten. Nachfolgend gehe ich zunächst auf die Person des Sachverständigen ein. Danach erfolgt eine Darstellung des Begutachtungsprozesses und eine Auseinandersetzung mit Qualitätsmerkmalen des Gutachtens.

5.1 Welche Forderungen sind an Person und fachliche Qualifikation des Sachverständigen zu stellen?

Als nicht direkt Beteiligter im Gerichtsverfahren ist der Sachverständige Hilfsperson des Gerichts und den Weisungen sowie der Anleitung durch das Gericht unterworfen. Das von ihm erstellte Gutachten – es wird in der Regel schriftlich erstellt, kann aber auch durch mündliche Anhörung ersetzt werden – ist ein *Beweismittel*, welches ausschließlich dazu dient, die vom Gericht gestellten Fragen zu beantworten. Sachverständige werden zum Verfahren hinzugezogen, wenn im Einzelfall die eigene Sachkunde des Gerichts nicht ausreicht. Sachkunde, hier gleichbedeutend mit der Qualifikation des Sachverständigen, bezieht sich auf umfassende und dem neueren Stand der Forschung entsprechende wissenschaftliche, methodische, diagnostische und anwendungsorientierte Fachkenntnisse. Erforderlich sind auch Kenntnisse der einschlägigen Gesetzestexte und anderer Rechtsquellen. Es besteht die Verpflichtung, sich über aktuelle gerichtliche Entscheidungen bzw. gesetzliche Entwicklungen laufend zu informieren.

Die fachlichen Voraussetzungen zur Ausübung einer Tätigkeit als Gerichtssachverständiger im Familienrecht bilden ein breites Spektrum ab. Nachfolgend können nur einige dieser Erfordernisse im Grundlagen- und Anwendungsbereich aufgeführt werden.[1]

1. Die *Familienentwicklungspsychologie* befasst sich mit den Veränderungen und Übergängen im „Lebenslauf" von Familien. Dabei ist zu berücksichtigen, dass der Begriff „Familie" einem gesellschaftlichen Wandel unterliegt und heute nicht mehr nur als „Kernfamilie mit Ehepaar und mindestens einem Kind" verstanden wird.[2] Vielmehr sehen wir Familie heute als ein Sammelbegriff für recht unterschiedliche Formen des Zusammenlebens (nicht unbedingt unter einem Dach) von Personen unterschiedlichen oder gleichen biologischen Geschlechts. Als kleinster gemeinsamer Nenner lässt sich vielleicht ein *gemeinsamer Lebensvollzug* nennen, welcher zunächst auf Dauer angelegt ist und es den Familienmitgliedern erlaubt, intime Beziehungen zu entwickeln und zu pflegen. Die Familienentwicklungspsychologie beschäftigt sich u. a. mit den Übergängen und damit verbundenen Anpassungen, gleichbedeutend mit Familienentwicklungsaufgaben wie beispielsweise der Übergang vom noch kinderlosen Ehepaar zur Elternschaft, oder die Veränderungen und Anpassungen, welche mit dem Auszug

---

[1] Eine Übersicht findet sich in [2] und kann dort heruntergeladen werden
[2] So im ersten Familienbericht der Bundesregierung aus dem Jahre 1968.

der Kinder („leeres Nest") einhergehen. Dementsprechend hat auch die *Trennungs- und Scheidungsforschung* hier ihren Platz. Das Verständnis von Trennungsursachen und Trennungs-/Scheidungsfolgen gehört zu den unverzichtbaren Voraussetzungen für die Bearbeitung von familienrechtlichen Fragestellungen aus psychologischer Sicht.

2. Zum „Handwerk" des Sachverständigen gehört die *Psychodiagnostik* bei Kindern, Jugendlichen und Erwachsenen, d. h. die Anwendung von relevanten, der jeweiligen Fragestellung angemessenen Verfahren (Tests), deren kritische Bewertung und Interpretation.

3. Ist eine Kindeswohlgefährdung offensichtlich, so bedarf es einer auf den Einzelfall bezogenen Analyse der unterschiedlichen Formen, Ursachen und Verläufe von Risiko- und Schutzfaktoren, von vorhandenen oder eventuell zu eröffnenden Ressourcen.

4. Empfehlungen und Maßnahmen zur Aufrechterhaltung oder zur Wiederherstellung des Kindeswohls in allen seinen Facetten berücksichtigen den jeweiligen Status des Kindes im Bereich seiner *Persönlichkeitsentwicklung* (Beispiel: Herausbildung eines autonomen Willens). Entwicklung vollzieht sich in *Beziehungen* und Beziehungen entwickeln sich ihrerseits. Daraus ergibt sich ein komplexes Muster der Wechselwirkung zwischen den verschiedenen Personen und Generationen, welche in ihrer Gesamtheit zu betrachten sind (*systemischer* Ansatz).[3]

5. Psychische Störungen einzelner Personen und Störungen in der Beziehungsdynamik von Eltern und Kindern erfordern eine sorgfältige Analyse unter *klinisch-pathologischen Aspekten.* Die entsprechenden Phänomene sind auf dem Hintergrund ihrer Entstehungsgeschichte und der jeweils belastenden Faktoren und Umstände zu betrachten.

6. Beauftragt das Familiengericht den Sachverständigen mit dem Versuch, zwischen den Beteiligten „Einvernehmen" herzustellen, sind grundlegende Erkenntnisse und Anwendungen (Methoden) der *Beratungspsychologie* erforderlich. (Mediation gehört nicht zu den Aufgaben des Sachverständigen).

Die Auswahl des Sachverständigen erfolgt durch das Gericht. Andere Beteiligte haben ein einschränktes Mitspracherecht und werden in der

---

[3] Zur näheren Charakterisierung von interpersonellen Beziehungen s. [6].

Regel vor Bestellung des Sachverständigen zu dessen Person angehört. (Hier gilt die Vorschrift des § 404 ZPO, bezüglich des Mitspracherechts der Abs. 4). Da für Kindschaftssachen das sogenannte *Beschleunigungsgebot* nach § 155 Abs. 1 FamFG gilt, liegt es auch im Interesse des Gerichts, hier zwischen den Beteiligten ein Einvernehmen herzustellen, um späteren Vorbehalten gegen die Person und Qualifikation des Sachverständigen vorzubeugen und das Verfahren nicht unnötig in die Länge zu ziehen.

Welche Personen, die welchen Berufsgruppen angehören, können als Sachverständige in Kindschaftssachen bestellt werden? Dies ist im § 163 Abs. 1 FamFG geregelt. Dort heißt es u. a.: Das Gutachten ist „durch einen geeigneten Sachverständigen zu erstatten, der mindestens über eine *psychologische, psychotherapeutische, kinder- und jugendpsychiatrische, psychiatrische, ärztliche, pädagogische oder sozialpädagogische Berufsqualifikation* verfügen soll. Verfügt der Sachverständige über eine pädagogische oder sozialpädagogische Berufsqualifikation, ist der Erwerb ausreichender diagnostischer und analytischer Kenntnisse durch eine anerkannte Zusatzqualifikation nachzuweisen."

Leider hat der Gesetzgeber darauf verzichtet, was unter „Berufsqualifikation" zu verstehen ist und welche Anforderungen an eine „anerkannte Zusatzqualifikation" zu stellen sind. Das Ziel, mit dem § 163 Abs. 1 FamFG auch die Grundlagen für eine Verbesserung der oftmals zu Recht angezweifelten Qualität von Gutachten zu schaffen, dürfte mit einer summarischen Aufzählung von zum Teil sehr unterschiedlichen Berufsgruppen kaum zu erreichen sein, da nicht erwartet werden kann, dass diese in gleicher Weise „die rechtlichen und familienrechtspsychologischen Grundlagen einer forensischen Tätigkeit in der Familiengerichtsbarkeit beherrschen", wie Balloff zurecht hervorhebt [3, S. 165]. Man kann hier bestenfalls davon ausgehen, dass die vom Gericht vorgenommene Auswahl des Sachverständigen sich an den Besonderheiten des Einzelfalls orientiert. Für die Begutachtung ist in der Regel der *psychologische Sachverständige* am besten qualifiziert. Er verfügt über ein abgeschlossenes Hochschulstudium der Psychologie (Diplom oder Master) und eventuell einer Zusatzausbildung zum *Fachpsychologen für Rechtspsychologie,* wie sie beispielsweise von der *Deutschen*

Psychologen Akademie angeboten wird.[4] In solchen Fällen, in denen beispielsweise medizinisches Fachwissen gefragt ist, kann das Familiengericht auf die Möglichkeit hinweisen, dass der (psychologische) Sachverständige andere Fachkollegen aus dafür zuständigen Disziplinen (beispielsweise einen *Kinder- und Jugendlichen Psychiater*) hinzuzieht.

Für eine Sachverständigentätigkeit gelten einige Regeln und Gebote, welche bei Nichteinhaltung das Gutachten wertlos machen und – bei ernsteren Verstößen – sogar zu Schadenersatzforderungen und dem Verlust der Vergütung führen können. Hier gelten allgemein auch die Vorschriften der *Zivilprozessordnung (ZPO)*. Im Einzelnen:

1. Der Sachverständige muss nach der Aufforderung zur Gutachtenerstellung unverzüglich prüfen, ob der Auftrag in sein Fachgebiet fällt und das Gutachten ohne Hinzuziehung weiterer Sachverständiger in der gesetzten Frist fertig gestellt werden kann. Er hat auch zu prüfen, ob bezüglich seiner *Unparteilichkeit* Zweifel gerechtfertigt sind. (Das wäre etwa der Fall, wenn der Sachverständige bereits anderweitige Kontakte mit einem Beteiligten, eventuell auch in einem anderen Verfahren) gehabt hat (§407a ZPO).

2. Der Sachverständige darf den Auftrag nicht ohne weiteres an eine andere Person delegieren. Falls er sich lediglich der Mithilfe einer anderen Person bedient, muss er das deutlich machen, die betreffende Person namentlich aufführen und deren Anteil am Gutachten kenntlich machen.

Hilfsdienste von untergeordneter Bedeutung, z. B. bei der schriftlichen Abfassung oder bei der Testanwendung durch eine Hilfskraft sind unbedenklich (§ 407a ZPO). Die Vorschrift kommt vor allem dann zum Tragen, wenn der Sachverständige einer Institution oder einer universitären Einrichtung angehört, in welcher auch Hilfskräfte tätig sind.

3. Das Gutachten ist *unparteiisch nach bestem Wissen und Gewissen* zu erstatten (§ 410 ZPO). Es ist zu empfehlen, dass dies durch schriftliche Erklärung dem Gutachten beigefügt wird. Parteilichkeit meint auch *Befangenheit*. Befangen ist ein Sachverständiger, wenn er im Gutachten Angaben macht, die einen Beteiligten (insbesondere einen Elternteil) unbegründet herabsetzen oder diesen benachteiligen. Das können schon

---

[4] Nähere Angaben dazu unter https://www.psychologenakademie.de/zertifikat/rechtspsychologie/.

unbedachte Äußerungen sein wie „Dem Kindesvater ist vorzuwerfen, dass...."

4. Erhält der Sachverständige vor Beginn der Begutachtung oder währenddessen Informationen, welche nach seiner Einschätzung eine Abänderung oder Ergänzung des Beweisbeschlusses erforderlich machen, soll er dies dem Gericht mitteilen bzw. dazu einen Vorschlag unterbreiten. Das kann z. B. der Fall sein, wenn danach gefragt wird, welcher Elternteil am besten in der Lage ist, den Bedürfnissen des Kindes gerecht zu werden und sich im Laufe der Untersuchung herausstellt, dass das Kindeswohl bei beiden Elternteilen gefährdet ist.

5. Mit dem Gebot des *wissenschaftlichen Vorgehens* verbunden ist die Verpflichtung, alle Maßnahmen und Vorkehrungen bei der Begutachtung offen zu legen *(Transparenzgebot)*.

6. Der Sachverständige ist gehalten, nur zu den Fragen des Familiengerichts die aus seiner Sicht notwendigen Maßnahmen zu ergreifen und auch nur diese abschließend zu beantworten. Die Regel wird relativ streng gehandhabt und führt nicht selten zur Zurückweisung des Gutachtens. Beispiel: Die Frage, welcher Elternteil am besten geeignet ist, den Erfordernissen des Kindeswohls gerecht zu werden, wird schlüssig beantwortet, dann aber der Hinweis beigefügt, dass dem künftig eventuell nicht-betreuenden Elternteil eine großzügiges Umgangsrecht einzuräumen ist. Nach einer Regelung des Umgangsrechts wurde jedoch nicht gefragt. Dies kann dazu führen, dass der Sachverständige als „befangen" erklärt wird und das gesamte Gutachten dann nicht verwertbar ist.

7. Hat das Gericht nach § 163 Abs. 2 FamFG den Sachverständigen beauftragt, bei der Erstellung des Gutachtens auch auf die Herstellung eines Einvernehmens zwischen den Beteiligten hinzuwirken, ist er nicht befugt zu versuchen, dies über eine zwischengeschaltete *Mediation* oder *Therapie* zu erreichen. Allerdings kann das Gericht nach § 156 Abs. 1, Sätze 2 und 3, wenn es dem Kindeswohl nicht widerspricht, den Eltern empfehlen, eine Beratung bei einer vom Gericht benannten Person oder einer Institution der Kinder- und Jugendhilfe in Anspruch zu nehmen. Es kann auch anordnen, dass die Eltern zusammen oder einzeln einen Termin zur Information über eine Mediation wahrnehmen. Beides kann jedoch nicht mit Zwangsmitteln (z. B. Ordnungsgeld) durchgesetzt werden.

Wird vom Gericht die Bestellung eines Sachverständigen erwogen, zögern Sie nicht, nach dessen Qualifikation zu fragen. Bedenken Sie, dass in der Regel der psychologische Sachverständige mit einem akademischen Abschluss (*Diplom-Psychologe* oder *Master of Science*) am besten die Gewähr für eine fachkundige Bearbeitung der vom Gericht gestellten Fragen bietet. Zögern Sie auch nicht, dem Gericht eventuelle Verstöße gegen die hier aufgeführten Regeln und Gebote mitzuteilen, wenn Sie der Ansicht sind, dass diese zutreffen. Sie bekunden damit, dass Sie informiert sind und als mündige Beteiligte im Verfahren ihr Recht auf Einspruch ernst nehmen.

5.2 Welche einzelnen Schritte umfasst der Begutachtungsprozess?

Der Begutachtungsprozess bezieht sich auf den Gesamtablauf von der Beauftragung durch das Gericht (durch entsprechenden Beweisbeschluss) bis zur Abgabe des schriftlichen Gutachtens und der eventuell danach noch erfolgenden persönlichen Anhörung des Sachverständigen.

Im Einzelnen umfasst die Begutachtung die folgenden Schritte:

1. Der *Beweisbeschluss,* welcher die Fragen des Gerichts an den Sachverständigen enthält.

Der Beweisbeschluss soll möglichst konkret diejenigen Fragen aufführen, die mit dem Gutachten zu beantworten sind. Die Fragen sollen sich auf Inhalte richten, welche geeignet sind, den betreffenden Sachverhalt aus psychologischer Sicht zu beantworten. Das bedeutet zugleich, dass der Sachverständige nicht aufgefordert ist, familienrechtliche Fragen zu beantworten. Also nicht die Frage „Wer soll das alleinige Sorgerecht ausüben", sondern „Welcher Elternteil ist eher geeignet, eine erzieherische Tätigkeit zum Wohl des Kindes auszuüben" – oder nicht „Wie soll das Umgangsrecht geregelt werden", sondern „Sind Umgangskontakte mit demjenigen Elternteil, bei welchem das Kind nicht seinen Lebensmittelpunkt hat, kindeswohldienlich". Die Beantwortung der rechtlichen Fragen obliegt allein dem Gericht.

2. Die *Aktenanalyse,* unter Einbezug von zusätzlichen schriftlichen Informationen (falls vorhanden), gehört zu den tragenden Säulen einer

Begutachtung. Mit dem Beschluss erhält der Sachverständige die Akte. Dies enthält alles, was bis dahin im Verfahren schriftlich aufgenommen wurde, beispielsweise Protokolle der Sitzungen des Familiengerichts, Schriftsätze der Beteiligten bzw. deren Verfahrensbeauftragten (Rechtsanwälte), Stellungnahmen des Jugendamtes und des Verfahrensbeistandes usw. Zusätzliche Informationen sind solche, welche nicht „über das Gericht" gelaufen sind, sondern dem Sachverständigen von Beteiligten und anderen Personen oder Institutionen zur Kenntnis gebracht oder von ihm angefordert wurden (z. B. Stellungnahmen der Eltern, Auskünfte vom Kindergarten, ärztliche Befundberichte, Berichte des Jugendamtes usw.). Das zusätzliche Material ist dem schriftlichen Gutachten beizufügen und wird dann zu einem Bestandteil der Akte.

Die Aktenanalyse dient neben der Information zum aktuellen Stand des Verfahrens der Identifizierung von *Anknüpfungsgesichtspunkten* für das weitere Vorgehen, sowie zur Bildung erster Annahmen (Hypothesen) zu psychologischen Sachverhalten mit Bezug auf die gerichtlichen Fragestellungen. Mit anderen Worten: Es geht dabei um eine Übertragung der gerichtlichen Fragestellung in eine psychologische Fragestellung. Lautet beispielsweise die gerichtliche Frage „Welcher Elternteil ist am besten geeignet, eine erzieherische Tätigkeit zum Wohl des Kindes auszuüben", so würde es die Information, wonach ein Elternteil häufig abwesend ist (z. B. aus beruflichen Gründen) nahelegen, nach Unterschieden zwischen den Eltern in der Tagesstruktur, der „Betreuungsdichte" oder der Erziehungskontinuität allgemein zu fragen. Die Aktenanalyse besteht nicht oder nur zu einem geringen Teil (falls für ein Verständnis des weiteren Vorgehens erforderlich) aus einer Zusammenfassung des Akteninhalt. In der Regel wird der Sachverständige darauf hinweisen, dass „der Akteninhalt als bekannt" vorausgesetzt wird. Die Aktenanalyse enthält auch keine Wertungen oder Vorwegnahmen späterer Erkenntnisse. Für die Begutachtung können auch Akten beigezogen werden (auf entsprechendes Ersuchen beim Gericht), welche früheren und eventuell bereits abgeschlossenen Verfahren zugeordnet sind. Sie erbringen oftmals wertvolle Informationen zur Vorgeschichte (Sorgerechtsentscheidungen, frühere Regelungen des Umgangs, Beziehungsvorgeschichte einschließlich Anordnungen nach dem Gewaltschutzgesetz, Maßnahmen der Kinder- und Jugendhilfe, Schutzanordnungen des Jugendamtes usw.).

3. *Terminvereinbarung* und *Erstkontakt* mit den Beteiligten (Eltern, Kind, eventuell Geschwister, Großeltern). Es empfiehlt sich eine schriftliche Kontaktaufnahme, in welcher auf die Beauftragung durch das Familiengericht hingewiesen wird und die zu beantwortenden Fragen (eventuell sinngemäß) noch einmal aufgeführt werden. Sinnvoll ist auch, den Beteiligten eine kurze Übersicht über das weitere Vorgehen mitzuteilen (nächste Schritte wie Hausbesuche, weitere Gespräche, Inaugenscheinnahme und Anhörung des Kindes, Testuntersuchungen, Beobachtungen im Rahmen einer Eltern-Kind-Interaktion, eventuell gemeinsames Elterngespräch, wenn auf ein Einvernehmen hingewirkt werden soll usw.).

4. Das *Explorationsgespräch mit den Eltern* findet in der Regel zunächst mit jedem Elternteil einzeln statt, zu einem späteren Zeitpunkt eventuell auch mit beiden gemeinsam.[5] Die Eltern werden zunächst auf die *eingeschränkte Schweigepflicht* des Sachverständigen hingewiesen. Die Einschränkung betrifft allein das Gericht. Wird das Gespräch auf Tonträger aufgezeichnet, ist dazu die Einwilligung der Eltern erforderlich.

Das Gespräch dient…

- der Herstellung von Vertrauen in die Person und Unparteilichkeit des Sachverständigen,
- der Information der Eltern über den Ablauf der Begutachtung (einzelne Schritte, zeitliche Struktur),
- der Kenntnisnahme der Einstellungen, Sichtweisen und Beurteilungen der Eltern bezüglich der anstehenden Fragen.

---

[5] Die Vertreter eines sog. *lösungsorientierten* und zugleich *systemischen Ansatzes* sehen ein gemeinsames Elterngespräch als unabdingbar an. Eine „Lösung" (des Elternkonflikts?) ist vom Gesetz jedoch nicht explizit vorgeschrieben (in § 163 Abs. 2 FamFG ist allein von einem Hinwirken *auf ein Einvernehmen* die Rede. Ein entsprechender Auftrag an den Sachverständigen muss vom Gericht erfolgen). Angesichts der Mehrzahl von Verfahren, bei denen die Eltern hochzerstritten sind, wird man in einem gemeinsamen Gespräch bezüglich einer „Lösung" schnell an Grenzen stoßen. Problematisch ist auch die alleinige Fokussierung auf die sog. *Paarebene*, wenn behauptet wird, dass „nach Trennung das Gespräch auf der abgebrochenen Paarebene wesentlich wichtiger ist als das Kinderproblem" [4, S. 202].

- dem verstehenden, nicht bewertenden Nachvollzug der Beziehungs- und Trennungsgeschichte (Vorgeschichte),
- der Information über erzieherische Vorstellungen und Förderung des Kindes, Bindungstoleranz, Alltagsstruktur (Schwerpunkt auf Bedürfnisse des Kindes), Beziehung des Kindes zu beiden Elternteilen (Bindungen), ggf. zum Willen des Kindes,
- der Information über eventuelle Vorstellungen der Eltern zur Beilegung des Konfliktes (unter Wahrung des Kindeswohls),
- der Information über die Entwicklung des Kindes (Anamnestische Daten, aktueller Entwicklungsstatus).

Der Sachverständige kann Empathie für eventuelle emotionale Reaktionen der Eltern zeigen, wird sich aber vor wertenden Stellungnahmen oder Beschwichtigungsversuchen („Das werden wir schon hinbekommen") hüten müssen, um keine Zweifel an seiner Unparteilichkeit aufkommen zu lassen.

5. Das *Explorationsgespräch mit dem Kind* (soweit aufgrund des Entwicklungsstandes möglich). Für das Gespräch „unter vier Augen" ist die Einwilligung der Eltern erforderlich (ebenso für Testuntersuchungen). Das Gespräch ist keine Vernehmung! Es sollte in einer kindgerechten Umgebung stattfinden (Spielzimmer) und dem Kind ist genügend Zeit zu lassen, sich zu akklimatisieren (Spielaktivitäten). Findet das Gespräch zu Hause statt, sollte, falls die Eltern bereits getrennte Wohnungen haben, ein weiteres Gespräch im Haushalt des anderen Elternteils stattfinden (in beiden Fällen ohne Anwesenheit desselben). Bewährt hat sich ein Vorgehen, wonach zunächst neutrale Sachverhalte angesprochen werden (Alltag, Schule, Freunde) und erst allmählich Themen mit Bezug zu den gutachterlich zu klärenden Fragen. Es ist darauf zu achten, dass eine dem Entwicklungsstand des Kindes angemessene Sprechweise und Wortwahl erfolgt. Dem Kind sollte zunächst erklärt werden, warum der Sachverständige da ist. Häufig ist das Kind bereits vom Gericht angehört worden. Auf dieses Gespräch kann es noch einmal angesprochen werden, um den Bezug zur rechtlichen und psychologischen Problematik herzustellen. Direkte Fragen (z. B. „Möchtest Du lieber beim Papa oder bei der Mama wohnen"? – „Wen hast Du mehr lieb, Deinen Papa oder Deine Mama"?) sind selbstverständlich

zu vermeiden, da sie das Kind in seiner Entscheidungskompetenz überfordern und einen eventuell bereits vorhandenen *Loyalitätskonflikt* weiter verstärken würden. Zum Loyalitätskonflikt kann eher indirekt gefragt werden (z. B. „Was macht Dir jetzt gerade am meisten Sorgen"? „Wie fühlst Du Dich, wenn Du an Deine Mama und an Deinen Papa denkst"?). Eine weitere Fehlerquelle sind *suggestive Fragen,* welche oftmals auch sehr indirekt daherkommen: „Würde es Dir gefallen, woanders zu wohnen"? „Dir gefällt es doch sicher gut bei Deiner Mama"? Es empfiehlt sich, zumindest jenen Teil des Gespräches, welcher einen Bezug zur familiären Situation und/oder zum Gegenstand des Verfahrens aufweist, wörtlich zu protokollieren (Tonmitschnitt und anschließende Transkription; auch dazu ist die Einwilligung der Eltern erforderlich) und die begleitenden mimischen und vokalen Reaktionen zu protokollieren. Ein Zögern bei einer Frage oder eine längere Pause, eine Weingrimasse oder ein Lachen sind oftmals aufschlussreicher, als der Inhalt des Gesagten.

6. *Informationsgespräche* mit anderen Beteiligten und eventuell mit nicht unmittelbar beteiligten Personen, sowie Informationsmaterial in Schriftform. Für diese Gespräche ist in der Regel eine schriftliche Schweigepflichtentbindung der Eltern erforderlich. Als solche Personen kommen infrage:

- Geschwister, Großeltern, gegebenenfalls neue Partner der Eltern, andere Verwandte, Nachbarn, Freunde der Eltern.
- Kinderarzt, Hausarzt, ärztliches Personal von Kliniken (z. B. Kinderneurologisches Zentrum).
- Betreuer im Kindergarten/in der Kindertagesstätte.
- Sachbearbeiter beim Jugendamt. Das Jugendamt ist zwar in Verfahren vor dem Familiengericht zu einer Mitwirkung verpflichtet (§50 SGB 8) und ist im Rahmen dieser Mitwirkung auch vom Familiengericht anzuhören (§ 162 Abs. 1 FamFG), es stellt aber eine vom Gericht unabhängige Institution dar und kann somit selbst entscheiden, wem es Auskünfte gibt oder nicht. Das wird von verschiedenen Jugendämtern recht unterschiedlich gehandhabt. Ein Auskunftsersuchen des Sachverständigen wird somit in einem Fall unter Hinweis auf die Vertraulichkeit von vorherigen Gesprächen

mit den Eltern zurückgewiesen – trotz Schweigepflichtentbindung der Eltern (!) – im anderen Fall wird diesem jedoch problemlos entsprochen. Eltern können somit nicht von vornherein davon ausgehen, dass das Jugendamt mit dem Sachverständigen kooperiert (was in manchen Fällen durchaus erwünscht ist).
- Verfahrensbeistand. Eine Kooperation zwischen Sachverständigem und Verfahrensbeistand ist möglich, umfangmäßig jedoch eher auf dessen Rolle als „Übermittler des Kindeswillens" begrenzt. Als Interessenvertreter des Kindes dient die Tätigkeit des Verfahrensbeistandes weniger der Bestimmung des Kindeswohls. Da aber oftmals bereits vor dem Beginn der Begutachtung Gespräche des Verfahrensbeistandes mit dem Kind stattgefunden haben, können entsprechende Informationen für die Arbeit des Sachverständigen hilfreich sein.

7. Zur *Diagnostik* gehören die *Verhaltensbeobachtung, sowie* die Anwendung von *Tests* und anderer Methoden. Dieser Teil der Begutachtung ist für Eltern ohne eine entsprechende fachliche Ausbildung in der Regel am wenigsten durchschaubar (und damit auch nicht kritisch zu kontrollieren). Es ist aber meinem Erachten nach durchaus möglich, Eltern mit den wichtigsten Verfahren bekannt zu machen und ihnen das Rüstzeug für eine kritische Haltung an die Hand zu geben. [Dazu im nächsten Abschn. 5.3 mehr].

8. *Befunddarstellung*. Vom Sachverständigen kann verlangt werden, dass er die Befunde in allgemeinverständlicher Form und gegebenenfalls mit kritischer Distanz darstellt. Es sollte deutlich werden, welche Bedeutung einzelne Zahlen und Kennwerte von Testverfahren haben und welche Interpretation diesen entspricht. Die Resultate verschiedener Verfahren und Tests, welche den gleichen Sachverhalt betreffen, werden zu einem Gesamtbefund zusammengefasst. Wurde entsprechend gerichtlichem Auftrag der Versuch unternommen, auf ein Einvernehmen zwischen den Beteiligten (Eltern) hinzuwirken, ist das Ergebnis mitzuteilen.

9. Der vorletzte Teil des Gutachtens ist der *Integration aller Befunde und Informationen* aus der Akte, den Gesprächen, der Verhaltensbeobachtung und der (Test-)Diagnostik vorbehalten. Leitend für die

Darstellung sind die aus dem ersten Teil des Gutachtens gewonnenen psychologischen Einsichten und Annahmen. Die Gliederung dieses Teils kann nach einzelnen Kindeswohlkriterien erfolgen (Erziehungskontinuität, Bindungen, Erziehungsfähigkeit, Bindungstoleranz, Förderungsfähigkeit, Kindeswille usw.), orientiert sich aber letztlich an den vom Gericht aufgeworfenen Fragen.

10. Im letzten Teil des Gutachtens werden die Hauptbefunde noch einmal zusammengefasst und die Schlussfolgerungen begründet. Die *gerichtlichen Fragen* werden abschließend konkret beantwortet, wobei es auch vorkommen kann, dass einzelne Fragen nicht beantwortet werden können (das sollte auch explizit so gesagt und begründet werden).

11. Es empfiehlt sich, dem Gutachten eine *Erklärung* beizufügen, wonach der Sachverständige das Gutachten „unparteiisch und nach bestem Wissen und Gewissen" erstattet hat.

Das schriftliche Gutachten wird in fünffacher Ausfertigung (Original und vier Kopien; manche Gerichte verlangen nur drei Exemplare) zusammen mit der Akte und allen sonstigen Informationen in Schriftform an das Gericht gesandt. Die Kopien sind für den Verfahrensbeistand (falls vorhanden), das Jugendamt und für die Eltern bzw. deren Verfahrensbevollmächtigten bestimmt.

5.3 Psychologischen Tests und andere Methoden: Wodurch sind diese charakterisiert – was kann man kritisch dazu sagen?

Die Frage hätte auch lauten können „Welche Tests sind für rechtspsychologische Fragen wenig oder gar nicht geeignet". Das ist nämlich bei den allermeisten der Fall, leider auch bei einigen, die in Gutachten Verwendung finden. Um das zu verstehen, muss ich ein wenig ausholen.

Von einem psychologischen *Test* sprechen wir, wenn eine Verhaltensprobe oder eine Messung Rückschlüsse auf ein anderes Verhalten erlaubt, von welchem wir annehmen können, dass es in bestimmten Situationen immer wieder auftaucht. Wenn der 8-jährige Kurt scheinbar mühelos Rechenaufgaben löst, welche vielleicht erst die Mehrheit der 10-Jährigen löst, könnten wir von einer mathematischen Begabung sprechen (ein *Konstrukt;* vgl. oben Abschn. 3.6), welche wiederum Kurt „befähigt", in Situationen, in denen es auf Rechnen ankommt, Hervorragendes zu leisten. Die erfasste Fähigkeit „mathematisches Können" könnte dann in ihrer Ausprägung auf einer Messskala – sagen wir von 1 bis 100 – platziert werden, wenn wir allen 8-jährigen Kindern dieselben Rechenaufgaben gäben und feststellten, wieviel Aufgaben in welcher Zeit richtig gelöst werden. Da wir aber nicht alle 8-Jährigen bekommen können, müssten wir unter diesen auswählen, am besten per Zufall, d. h. jedes 8-jährige Kind in einer Bevölkerung, für die der Test gelten soll (*Gesamtpopulation* oder auch *Grundgesamtheit*) hätte die gleiche Chance, ausgewählt zu werden. Das nennt man dann eine *Zufallsstichprobe*. Wie nun die Skala, mit welcher wir zukünftig messen wollen, genau konstruiert wird, ist ein weiteres Problem. Ich bleibe bei dem einfachsten Fall. Wir geben 100 achtjährigen Kindern die Rechenaufgaben und stellen anschließend fest, wie viele davon jedes Kind in einer Stunde gelöst hat. Nehmen wir an, Kurt ist rechnerisch sehr begabt und von den 100 Kindern gibt es nur 10, die noch mehr Aufgaben lösen. Dann hat Kurt auf der Skala den Platz 90 bzw. den *Prozentrangwert 90*. Das bedeutet, dass nur noch 10 % der Kinder in der Stichprobe einen „besseren" Wert haben – oder, dass 90 % geringere Werte oder denselben Wert haben. Prozentrangwerte erlauben eine Einordnung nach der *relativen Position* von Objekten (hier Personen) auf einer 100er-Skala, sie sagen aber nichts über die (absolute) Höhe der Leistung aus, die mit einem Platz auf der Skala verbunden ist. So könnte Kurt in einer Stunde 18 Aufgaben gelöst haben, ein anderes Kind mit Prozentrangwert 80 vielleicht 15 Aufgaben und ein weiteres Kind mit Prozentrang 70 vielleicht „nur" 14 Aufgaben. Für die Feststellung der *Leistung* (als Quantitätsmaß) einer Person im Vergleich zu anderen Personen gleichen Alters sind Prozentränge somit nicht geeignet. Ob ein Prozentrangwert von 90 nun „bedeutsam" ist, bleibt der Interpretation des Untersuchers überlassen. Es gibt aber Möglichkeiten, den „Wert" solcher Messungen zu erhöhen, indem man die Skala (hier Prozentrangwerte) in eine andere Skala transformiert, welche auch die Eigenschaft besitzt, verschiedene Objekte (Personen) auf der Skala nach dem Grad ihrer

Ausprägung bezüglich einer Eigenschaft (hier mathematische Leistung) direkt zu vergleichen. Erhält Kurt auf einer solchen Skala den Wert 90, so wäre er gegenüber Karl mit dem Wert 80 um 10 Punkte besser und entsprechend Karl um 10 Punkte besser als Friedrich mit 70 Punkten.

Eine solche Skala ist die *T-Werte-Skala*, welche auf der sogenannten *Normalverteilung* (die vom Mathematiker Gauß zuerst beschriebene Glockenkurve, wie sie ehemals auf den 10-Mark-Scheinen zu sehen war). Neben Prozentrangnormen gehört sie zu den am häufigsten verwendeten Skalen. Die Frage, die sich dabei häufig stellt, nämlich, ob ein Wert „bedeutsam" oder „auffällig" ist, kann auch nur per Übereinkunft in der Gemeinschaft der Wissenschaftler beantwortet werden, man nennt dies eine *konventionelle* Festlegung. Bei der T-Werte-Skala eignet sich dafür die Streuungsbreite, denn sie gibt an, in welchem Ausmaß zu erwarten ist, dass die Werte um einen Mittelpunkt, den Mittelwert, in einem bestimmten Ausmaß nach beiden Richtungen schwanken. Der Mittelwert beträgt hier 50, die Streuung 10 und zwischen diesen beiden Werten liegen etwa 2/3 oder knapp 67 % der Gesamtpopulation (also in unserem Beispiel 67 % aller 8-Jährigen). Ein halbes Drittel (ca. 16,5 %) mit Werten kleiner als 40 (50 minus 10) wäre dann als „gering" und ein halbes Drittel mit Werten größer 60 (50 plus 10) als „hoch" einzuordnen. Hier noch die Vergleichswerte zur Prozentrangskala (PR): $T=40$ entspricht $PR=16$, $T=60$ entspricht $PR=84$.

Zwei weitere gebräuchliche Skalen, welche hier nur kurz zu erwähnen sind, sind die *Stanine-Skala* (vom Englischen *Standard-NINE*) und die *STEN-Skala* (von *Standard-TEN*). Die Wertebereiche gehen von 1 bis 9 bzw. von 1 bis 10. Die Stanine-Skala hat einen Mittelwert von 5 und eine Streuung von knapp 2, bei der STEN-Skala lauten die Werte entsprechend 5,5 und 2. Kommt es auf die Stärke der Ausprägung eines Merkmals an, so wird man einen Stanine-Wert von 7 und höher als „bedeutsam" einschätzen (bei der STEN-Skala wäre das 7,5).

Allein mit der Nennung eines statistischen Grenzwertes ist allerdings noch nicht festgelegt, ob ein Testwert auch bezüglich des Gegenstandes der Messung für weitergehende Schlussfolgerungen ausreicht oder nicht. Das hängt auch von den jeweiligen Konsequenzen und anderen (statistischen) Faktoren ab. Möchte man zum Beispiel sicher sein, dass ein Test zur Erziehungsunfähigkeit (hier nur fiktives Beispiel, einen solchen

Einzeltest gibt es nicht!) auch wirklich die Schlussfolgerung „erziehungsunfähig" erbringt, so würde man den entsprechenden Wert auf dem „Erziehungsunfähigkeitstest" deutlich höher ansetzen als es statistisch bei einem Test zu einem anderen Merkmal mit weniger „Brisanz" vielleicht angemessen wäre (z. B. elterliche Belastung; einen solchen Test gibt es).

> Sind im Gutachten die Testwerte aufgeführt? Das sollte eigentliche der Fall sein (falls nicht, fragen Sie nach)! Werte innerhalb der Streuungsbreite sagen eigentlich nichts über Abweichungen von der Norm bzw. dem, was allgemein zu erwarten ist, aus. Sie sind zufällig. Hat der Sachverständige die von ihm ermittelten Werte in einem Test richtig interpretiert? Bei Aussagen, die mit Adjektiven wie besser, schlechter, hoch, gering, auffällig (i. S. von pathologisch) oder einem Unauffällig usw. daherkommen, sollte ein Wert deutlich über oder unter dem Streuungsbereich (Mittelwert ± Streuung) liegen. Für T-Wert-Normen gilt ein Wert ≥ 60 (häufig wird jedoch ≥ 70 verlangt), für die 9er-Skala ein Stanine-Wert von ≥ 7 und für die STEN-Skala einen Wert von $\geq 7,5$. Für Prozentrangnormen sollten dementsprechend die Werte nicht unter 84 (entspricht T = 60) bzw. 97,7 (entspricht T = 70) liegen.

Das bisher Gesagte betrifft nur solche Verfahren, bei denen Aussagen anhand einer Messskala verschiedener Art und mit bestimmten statistischen Merkmalen möglich sind. Man spricht dann von *psychometrischen Tests*. Viele andere Methoden haben diese Eigenschaft jedoch nicht. Dazu gehören *Projektive Verfahren* und *Beobachtungsmethoden*.[6] Psychometrische Tests haben Vor- und Nachteile. Da bei ihnen die Antwortmöglichkeiten vorgegeben sind (z. B. nur *Ja* oder *Nein* in einem Fragebogen), besteht die Möglichkeit, dass eine Person nur in bestimmter Weise antwortet (z. B. immer *Ja* sagt) oder so antwortet, wie sie meint, dass das gerade erwartet wird; oder sie hat durchschaut,

---

[6] Es ist hier nicht von projektiven Tests die Rede, sondern von „Verfahren". Das entspricht einer Konvention, wonach nur die standardisierten, d. h. statistisch abgesicherten Erfassungsmethoden mit „Test" zu bezeichnen sind. Alltagssprachlich wird da oftmals kein Unterschied gemacht, indem in allen Fällen von „Tests" die Rede ist. Das ist bedenklich insofern, als damit der Anschein erweckt wird, dass auch „schwache Methoden" mit dem „Gütesiegel Test" versehen werden und so mehr Wissenschaftlichkeit suggerieren als tatsächlich vorhanden ist.

5 Die Begutachtung zum Sorgerecht

worauf das Ganze hinausläuft, und antwortet so, dass sie dabei gut wegkommt, d. h. genau diejenigen Informationen liefert, welche einen positiven Eindruck von ihrer Person hinterlassen. Solche *Verfälschungstendenzen* (hier *Ja-Sage-Tendenz, Soziale Erwünschtheit, Beschönigungstendenz*) sind recht häufig und leider schwer zu kontrollieren.[7]

Bei projektiven Verfahren und Beobachtungsmethoden entfällt dieses Problem, da bei diesen die „Antworten" frei sind und zunächst so protokolliert werden, wie sie gegeben werden. Die Auswertung erfolgt dann nach vorgegebenen Kriterien, welche häufig theoretische untermauert sind, beispielsweise bei dem bekannten *Rorschach Verfahren:* Normierte Tintenkleckse (zum Teil farbig) werden dem Probanden vorgelegt mit der Aufforderung „Was sehen Sie da, was könnte das sein?" Die Antworten werden dann nach einem umfangreichen Signierungssystem ausgewertet und sogar quantifiziert (in der Regel Häufigkeiten). Projektive Verfahren haben den Nachteil, dass verschiedene Auswerter (Beurteiler) zu verschiedenen Ergebnissen kommen können. Die *Auswertungsobjektivität* ist somit im Allgemeinen gering.[8] Dagegen eignen sich projektive Verfahren zur Bildung von weiterführenden Annahmen („Hypothesen"), wenn es beispielsweise darum geht, zu erkunden, wie ein Kind seine Eltern erlebt oder mit ihnen emotional verbunden ist.

> Die 7-jährige Lisa wird aufgefordert, ihre Familie (Mitglieder wurden vorher abgefragt) und sich selbst als Tiere zu malen („Stell Dir vor, eine Zauberin kommt und verzaubert dich, deine Geschwister und deine Eltern in Tiere"). Lisa malt sich selbst, ihre Mutter und ihre zwei Geschwister als Schafe (rechte Seite des DIN-A4-Blattes im Querformat). In der Mitte des Blattes befindet sich vertikal ein Zaun, links davon ein Wolf, welcher die Zähne bleckt; es ist der Vater.[9]

---

[7] Einige Fragebögen enthalten – sozusagen versteckt – Fragen oder Items, die gerade solche Verfälschungstendenzen erfassen sollen.
[8] Auch andere sogenannte *Testkriterien* wie die Gültigkeit *(Validität)* und die Zuverlässigkeit *(Reliabilität)* sind eher gering, wohingegen die Darbietung/Anwendung oftmals wenig Aufwand erfordert *(Ökonomie)*.
[9] Quelle: Autor.

Es bedarf wohl nicht viel Sachverstand, um hier (zunächst!) zu schlussfolgern, wenn wir gleichzeitig wissen, dass der Vater aus der Familienwohnung ausgezogen ist und es vorher viel Streit gegeben hat. In diesem (nicht-fiktiven) Fall war der Vater aber gar nicht ausgezogen. In der Nachbefragung („Was meinst Du, warum ist das so, wie Du das gemalt hast?") erklärt Lisa, es habe Streit zwischen der Mama und dem Papa gegeben, die Mama habe gewollt, dass der Papa ausziehe und sie (Lisa) habe jetzt Angst, dass er dann nicht mehr zurückkomme, weil er auf sie, die Mama und die beiden Geschwister böse ist. Eine mögliche Annahme, welcher eventuell weiter nachzugehen wäre, lautet: Lisa ist mit ihrer Mutter identifiziert und sieht sich als Mitglied in der familiären Teilgruppe. Die Trennung von ihrem Vater empfindet sie als schmerzlich, was wiederum nahelegt, dass sie zu ihm eine enge Beziehung aufgebaut hat.

Projektive Verfahren haben Hinweischarakter, sie verweisen auf mögliche Zusammenhänge zwischen der Realität (aus objektiver Sicht) und dem Erleben des Kindes – auf eine Art, wie sie durch vorgegeben Antwortmöglichkeiten nicht erfasst werden können. Das kompensiert in gewisser Weise die Nachteile solcher Verfahren, vor allem dann, wenn der Beurteiler die „Kunst der Interpretation" und eines „tiefergehenden Verstehens" der sich nur andeutungsweise offenbarenden Zusammenhänge beherrscht.

Beobachtungsmethoden liefern wertvolle Hinweise auf psychologische Sachverhalte. Sie lassen sich nach verschiedenen Kriterien einteilen: ob der Beobachter selbst Teil des Beobachtungsfeldes ist, oder versteckt agiert (Einwegspiegel, ethisch anfechtbar!), ob es sich um eine direkte *(in vivo)* oder indirekte Beobachtung anhand von Videoaufzeichnungen handelt *(in vitro)*, ob die Beobachtung systematisch (festgelegte Zeitintervalle) oder unsystematisch ist, oder ob das Interesse der Beobachtung sich auf einen spezifischen Sachverhalt (z. B. Körperkontakt zum Elternteil aufnehmen) richtet oder unspezifisch alles protokolliert wird, was innerhalb eines festgelegten Zeitintervalls geschieht. Im Rahmen einer Begutachtung zu rechtspsychologischen Sachverhalten wird man wohl vor allem an der Qualität der

Eltern-Kind-Interaktion interessiert sein, um daraus auf die Qualität der Beziehung zu schließen. Auch hier kommt es letztlich wieder auf die Interpretation der Beobachtungsdaten an (z. B. Häufigkeit von Körperkontakt, von Lächeln, Freudereaktionen, Unmutsäußerungen, Handlungsunterbrechungen), welche quantifiziert und in ihrer Abfolge protokolliert werden (sog. Verbundwahrscheinlichkeiten: z. B. prozentualer Anteil von Lächeln, unmittelbar nach Blickkontakt). Beobachtungen erfolgen niemals – wie manchmal irrig angenommen wird – völlig losgelöst von einer Theorie, auch, wenn eine solche dem Beobachter nicht unbedingt gegenwärtig ist. Die Stärke von Beobachtungen erweist sich gerade dann, wenn sie (bewusst) theoriengeleitet erfolgen, beispielsweise auf dem Hintergrund der Lerntheorie, der Psychoanalyse, oder – für unsere Begutachtung eher relevant – der Bindungstheorie.

Gegen Beobachtungen, bei denen der Beobachter in der Situation anwesend ist, wird manchmal kritisch eingewandt, dass dadurch die Beobachtungsdaten verfälscht werden (ähnlich bei der Beschönigungstendenz in Fragebögen). Das ist in einer Hinsicht richtig: Forschungen haben gezeigt, dass Eltern in einer Beobachtungssituation in Anwesenheit des Beobachters ihre Handlungen gegenüber dem Kind quantitativ erhöhen, also es häufiger ansprechen, anlächeln, berühren usw. als sie es sonst, ohne Beobachtung, tun. Qualitative Merkmale der Interaktion sind davon jedoch weniger oder nur bedingt betroffen. Eine liebevolle und warmherzige Interaktion zwischen Mutter und Kind offenbart sich uns oftmals unmittelbar, sie erfolgreich und in gleicher Qualität nur vorzutäuschen, gelingt kaum. Die Lösung, warum das so ist, liegt nicht in der Beachtung von Häufigkeiten einzelner Handlungen. Es sind eher die unmittelbaren zeitlichen Verknüpfungen einzelner Handlungen oder Handlungselemente in ihrer Abfolge (Verbundwahrscheinlichkeiten), welche den qualitativen Gesamteindruck bestimmen. Solche Zusammenhänge können in einer Mikroanalyse des Geschehens (Videoanalyse in Zeitlupe) aufgedeckt werden. Hier ein Beispiel, bei welchem das Bindungsverhalten (*attachment*) eine Rolle spielt:

> Die Mutter sitzt auf einem Stuhl, das Kind (3 Jahre) sitzt in einiger Entfernung auf dem Boden und ist mit Spielzeug beschäftigt. Eine fremde Person kommt hinzu und setzt sich wortlos auf einen Stuhl. Das Kind blickt auf die fremde Person, erstarrt mimisch, zeigt dann eine Weingrimasse und läuft zu seiner Mutter. Es wird sofort hochgenommen, es erfolgt Körperkontakt, das Kind wird gestreichelt und verbal-vokal beruhigt.

Es handelt sich hier um eine Episode aus einem Verfahrens zur Überprüfung der Bindungsqualität, die sogenannte *Fremde-Situation* (in nachfolgenden Episoden geht die Mutter hinaus, das Kind ist mit der Fremden allein, die Mutter kommt wieder herein usw.) [1].

In dieser Situation geht es noch nicht um die Identifikation des Bindungstyps (dafür besonders relevant ist die „Wiedervereinigungsepisode" zwischen Mutter und Kind, wenn die Mutter wieder in den Raum kommt, nachdem sie vorher das Kind mit der fremden Person alleine gelassen hat). Der Fokus liegt hier eher auf einem *feinfühligen* Verhalten der Mutter (Feinfühligkeit ist ein Merkmal bei Eltern-Kind-Interaktionen), welches sich in der Abfolge verschiedener Signale und Handlungen kundtut: Das Kind signalisiert Unwohlsein (hier Fremdeln) – die Mutter interpretiert dies richtig und regiert prompt mit Trost-Spenden. Wichtig ist dabei, dass die Reaktion der Mutter prompt und ohne merkliche Verzögerung erfolgt. Feinfühlige Eltern „wissen" in solchen Situationen, was für ihr Kind gut ist und reagieren sozusagen intuitiv, ohne erst überlegen zu müssen, was „richtig" ist[10].

Eine weitere Gruppe von Methoden ist gleichbedeutend mit *Interviewverfahren*. Sind diese nur wenig strukturiert, so gleichen sie dem *Explorationsgespräch* (s. oben Abschn. 5.2). Bei höheren Strukturierungsgraden sind die Kategorien, zu denen Angaben erwünscht sind, differenzierter vorgegeben und in einem *Interviewleitfaden* aufgeführt,

---

[10] Forscher, die näher untersucht haben, was in solchen Situationen auf einer mikroanalytischen Ebene abläuft, sprechen hier u. a. von einem „intuitiven Elternverhalten" *(intuitive parenting)*, von dem angenommen wird, dass es nicht erlernt werden muss, sondern zur biologischen Grundausstattung von Eltern gehört [5].

welcher im Gespräch „abgearbeitet" wird. Die Interviewtechnik hat sich vor allem in klinischen Settings bewährt, wenn es darum geht, eine Diagnose herauszuarbeiten und gegen andere Diagnosen abzugrenzen.

> Projektive Verfahren und Beobachtungsmethoden werden häufig aufgrund mangelhafter oder fehlender Gütekriterien, wie sie bei psychometrischen Tests vorausgesetzt werden, abgewertet oder als ungeeignet für rechtspsychologische Untersuchungen klassifiziert. Sie können aber – bei sorgfältiger Handhabung – durchaus wertvolle Hinweise auf Inhalte des Erlebens bei Kindern und Erwachsenen liefern. Gegenüber Tests haben sie den Vorteil, dass sie relativ einfach anzuwenden sind, keine spezifischen Antworten von vornherein nahelegen und damit kaum Verfälschungstendenzen unterliegen.

5.4 Welche psychologischen Tests und Verfahren finden in Begutachtungen Verwendung?

Wie bereits angedeutet, sind psychologische Tests und Verfahren, welche speziell für Fragestellungen in familienrechtlichen Angelegenheiten entwickelt wurden, eher selten. (Die Testentwickler sprechen dann von „maßgeschneiderten" Tests). Hinzu kommt, dass es der Komplexität der zu begutachtenden Phänomene selten gerecht wird, Schlussfolgerungen nur auf ein Verfahren oder einen Test aufzubauen. Hier gilt die Mindestforderung, dass mindestens zwei oder mehr Instrumente unterschiedlicher Art anzuwenden sind und Schlussfolgerungen nur dann getroffen werden können, wenn mindestens zwei von ihnen konvergieren, d. h. zum gleichen Ergebnis kommen. Man spricht dann von einer *multimodalen Diagnostik*. So wäre beispielsweise zu fordern, dass ein Test, welcher einen bestimmten Aspekt von Erziehungsfähigkeit erfassen soll (zum Beispiel elterliche Zuwendung zum Kind) mit einem Inventar zur Beobachtung der Eltern-Kind-Interaktion und/oder entsprechenden Angaben im Explorationsgespräch inhaltlich verknüpft werden kann.

Ein grundsätzliches Problem der Diagnostik betrifft den Umstand, dass Testergebnisse und die Befunde anderer Verfahren immer nur „Momentaufnahmen" der jeweiligen Sachverhalte und Gegebenheiten sind; jede Aussage einer solchen *Statusdiagnostik* bezieht sich bereits auf die Vergangenheit. Ein häufiger Einwand, welcher auch von Eltern erhoben wird, betrifft die vermutete „Kurzlebigkeit" solcher Befunde. Dem kann jedoch in den meisten Fällen mit dem Hinweis begegnet werden, dass diagnostische Aussagen in der Regel eine *Prognose* zukünftigen Verhaltens in ähnlichen Situationen erlauben *(Konsistenz)*. Das trifft zu für Eigenschaften, welche grundsätzlich als „überdauernde Verhaltens- und Erlebensdispositionen" definiert sind (z. B. Intelligenz, Ängstlichkeit, Introversion–Extraversion), aber auch für zwischenmenschliche Beziehungen, die in einem überschaubaren zeitlichen Rahmen eine ausreichende Konsistenz haben (z. B. Bindung *[attachment]*, in der Mehrzahl der Fälle auch Liebesbeziehungen).

Im Folgenden findet sich eine Übersicht über gebräuchliche Methoden. Da eine stringente Zuordnung nach Kindeswohlkriterien hier nur in wenigen Fällen Aussicht auf Erfolg hätte (am ehesten noch bezüglich Erziehungsfähigkeit und Bindungen), sind in den Tab. 5.1 und 5.2 einige der gebräuchlichsten Verfahren in sorge- und umgangsrechtlichen Begutachtungen aufgeführt und kurz beschrieben.

In den Tabellen sind Verfahren zur Erfassung von Persönlichkeitsmerkmalen und solche mit Bezug zu klinisch-pathologischen Fragestellungen nicht aufgeführt. Sie werden eingesetzt, wenn sich aus den Vorinformationen (Akteninhalt, Gespräche mit Beteiligten und anderen Personen) Hinweise auf eine psychische Störung ergeben.

Kurzbeschreibungen und weitere Informationen zu Tests und Verfahren in verschiedenen Teildisziplinen der Psychologie können unter der Adresse https://www.testzentrale.de eingesehen werden. (Für ihre Bestellung ist allerdings der Nachweis einer entsprechenden beruflichen Qualifikation erforderlich).

5 Die Begutachtung zum Sorgerecht 97

Tab. 5.1 Ausgewählte Methoden in sorge- und umgangsrechtlichen Begutachtungen: *Multimodale und psychometrische Verfahren*

Abk	Bezeichnung	AB	N	Kurzbeschreibung
SURT	Sorge- und umgangsrechtliche Testbatterie	4–8	%R	Emotionale Beziehungen des Kindes zu den Eltern (Bindungen) Präferenz für einen Elternteil in Wahlsituationen anhand von Bildmaterial (Kindeswille?), Unterschiedliche Wahrnehmung der Eltern, deren erzieherische Kompetenzen betreffend („Erziehungsfähigkeit" aus Sicht des Kindes).
FIT	Familien-Identifikations-Test	ab 7	r	Die Probanden (Kinder, Jugendliche, Erwachsene) beschreiben sich selbst und die Familienmitglieder anhand von 12 Eigenschaftswörtern (z. B. ängstlich, lebhaft, freundlich). Zusätzlich wird das Profil unter der Instruktion „Wie ich selbst sein möchte" erstellt. Die Korrelationskoeffizienten[11] r zwischen den Personenprofilen bilden hierbei Ähnlichkeiten und Unähnlichkeiten ab.
FRT-KJ	*Family Relations Test* für Kinder und Jugendliche (deutsche Version)	6–12 13–19	ST	Positive und negative emotionale Beziehung zu Familienangehörigen. Das Kind oder der Jugendliche ordnet insgesamt 87 bzw. 94 Kärtchen den vorher ausgewählten Familienmitgliedern und sich selbst, sowie einer neutralen Person (der sog. „Fremde") zu. Die Aussagen auf den Kärtchen beziehen sich auf ausgehende oder empfangene positive und negative Gefühle. Erhält „der Fremde" z. B. überproportional viele Gefühlszuschreibungen, so lässt das auf eine Verdrängung/Leugnung von Gefühlen gegenüber den Eltern (oder auch nur einem Elternteil) schließen.
EBF-KJ	Elternbild-Fragebogen für Kinder und Jugendliche	10–20	T	Anhand von 36 Aussagen werden Risikofaktoren und Ressourcen in der Beziehung zu jedem Elternteil erfasst (insgesamt 9). Beispiele: Identifikation mit den Eltern, erlebte Selbstständigkeit, Konflikte mit den Eltern, Ablehnung, Überbehütung, emotionale Vereinnahmung. Die Einzelbefunde können zu einem Gesamtwert zusammengefasst werden, welcher die Gesamtqualität der Eltern-Kind-Beziehung repräsentiert.
ESI	Erziehungsstil-Inventar	8–16	%R T	Erfasst wird problematisches Erziehungsverhalten bei beiden Eltern. Die verschiedenen Dimensionen lauten: Unterstützung, Einschränkung, Lob, Tadel und Inkonsistenz (im Verhalten). Zusätzlich wird die Intensität von Bestrafung erfasst.

(Fortsetzung)

---

[11] Der Korrelationskoeffizient ist ein Maß für die Enge eines Zusammenhanges zwischen zwei oder mehreren veränderlichen Maßen (Variablen). Er variiert in seiner Größe zwischen -1 (kein Zusammenhang) und +1 (maximaler Zusammenhang).

Tab. 5.1 (Fortsetzung)

Abk	Bezeichnung	AB	N	Kurzbeschreibung
CBCL/ 6-18R TRF/6-18R YSR/11-18R	Child Behavior Check List Lehrerfragebogen, Fragebogen für Jugendliche	1;6–18	T, ST	Elternfragebogen über das Verhalten von Klein- und Vorschulkindern. Es handelt sich um Items/ Aussagen zu Kompetenzen und Verhaltensproblemen von Kindern und Jugendlichen aus der Sicht der Eltern (CBCL/6-18R), der Lehrer (TRF/6-18R) und – aus Sicht des Jugendlichen selbst (YSR/11-18R). Die Items sind größtenteils deckungsgleich. Erfasst werden u. a. soziale Probleme, Aggressivität, Aufmerksamkeitsprobleme, körperliche Beschwerden Ängstlichkeit/ Depression). Es gibt zudem eine Version für Kinder zwischen 1½ und 5 Jahren, sowie- dazu – eine Version für Erzieher.
EBI	Eltern-Belastungs-Inventar	Erw	T ST	Erfasst wird anhand von 48 Items die Elterliche Belastung, welche mit Eigenschaften und Verhaltensweisen des Kindes einhergehen (Hyperaktivität, Akzeptierbarkeit, erzieherische Anforderung, Anpassungsfähigkeit, Stimmung) und welche mit eingeschränkten oder fehlenden Ressourcen auf Elternseite einhergehen (mangelnde elterliche Kompetenz, soziale Isolation, Bindung, Depression, Gesundheit, Persönliche Einschränkung, falls gegeben: Partnerbeziehung).
EBSK	Eltern-Belastungs-Screening zur Kindeswohlgefährdung	Erw	T Rw	Anhand von 63 Items/Aussagen wird der Gesamtwert auf der *Belastungsskala* bestimmt und alternativ 4 Bereichen zugeordnet (keine, geringe, starke und sehr hohe Belastung) Das Verfahren ermöglicht eine Überprüfung seiner Gültigkeit (Validität) im Einzelfall durch Berechnung der Werte auf sog. Validitätsskalen *(Lügenskala, Zufallsantwortskala, Inkonsistenz Skala).*
ESF	Elternstressfragebogen	Erw	ST %R	Eltern von Kindergarten- und Vorschulkindern, sowie Jugendliche der Klassen 1 bis 6 beurteilen sich selbst auf 4 Skalen (38 Items) bezüglich ihres Stresserlebens. Bei den Skalen handelt es sich um *elterliches Stresserleben* (u. a Erziehungskompetenz, alltägliche Probleme mit dem Kind), *Rollenrestriktion* (Einschränkungen infolge Elternschaft), *Soziale Unterstützung* (Entlastung durch Verwandte und Freunde), sowie *Partnerschaft* (Unterstützung durch Partner/in, falls relevant)

Erläuterungen: Abk: Testkürzel, AB: Altersbereich (Jahre, Erw: Erwachsener); N: Normwerte (ST: Stanine, T: T-Werte, %R: Prozentrang, Rw: Rohwert; r: Korrelation,)

5 Die Begutachtung zum Sorgerecht 99

Tab. 5.2 Ausgewählte Methoden in sorge- und umgangsrechtlichen Begutachtungen: *projektive Verfahren, Beobachtung, Interview*

Typ	Abk	Bezeichnung	AB	N	Kurzbeschreibung
P	GEV-B	Geschichten-Ergänzungs-Verfahren	5–8	Sum Freq	Bindung (attachment) in der mittleren Kindheit. Anhand von Spielmaterial (Mitglieder der Familie, Einrichtungsgegenstände) werden fünf Situationen aufgestellt. „Geschichten" werden begonnen und vom Kind weitererzählt. Die Auswertung erfolgt nach vorgegebenen Kategorien bzw. Merkmalen.
P	FAST	Familiensystemtest	ab 6	Dist	Auf einem quadratischen Brett mit 81 Feldern werden nach Art von „Familienaufstellungen" Figuren platziert, welche das Kind und Familienangehörige repräsentieren. Distanzen, Blickrichtung und Höhe (mittels untergelegter Scheiben) der Figuren werden im Rahmen der systemischen Familientheorie interpretiert (emotionale Bindung, familiärer Zusammenhalt, hierarchische oder ausgewogene Beziehungsstruktur).
P	FinT	„Familie-in-Tieren"	n. a	fl	Das Kind zeichnet seine Familie als Tiere. Die Auswertung erfolgt nach formalen (Größe, Position auf dem Blatt, Distanzen, Reihenfolge) und inhaltlichen Kriterien, unter Einschluss der kulturellen Bedeutung von Tieren [ähnliches Verfahren: „Die verzauberte Familie"].

(Fortsetzung)

Tab. 5.2 (Fortsetzung)

Typ	Abk	Bezeichnung	AB	N	Kurzbeschreibung
P	SF-Test	Schwarzfuß-Test	n.a	fl	18 Bildkarten mit dem „Helden Schweinchen Schwarzfuß" in verschiedenen familiären „Schlüsselsituationen" (z. B. beim Essen, Geschwister). Auswertung nach psychoanalytischen Kriterien.
B	FS	„Fremde-Situation"	3–5	Kat	Bindung [*attachment*], 8 Episoden mit Kind und wechselnden Erwachsenen (Elternteil, Fremde). [vgl. Abschn. 5.3]
B	FiT-KIT	Familien- und Kindergarten-Interaktions-Test	4–8	ST	Interaktionsqualität zw. Kind und Erziehungsperson (Eltern, Kindergarten-Betreuer). Untertests beziehen sich u. a. auf Problem-, Kooperations-, Konfliktsituationen, sowie typische Verhaltensweisen von Erziehungspersonen (z. B. Hilfe, Zurückweisung, Trösten)
I	SKEI	Strukturiertes Interview zur Erfassung von Eltern-Kind-Interaktionen	4–7	%R	Kinder werden mittels eines „Fragespiels" nach positiven und negativen Aspekten ihrer Beziehung zu den primären Bezugspersonen (Eltern) befragt. Aussagen über Qualität und Intensität der Beziehung

Erläuterungen: Typ: Verfahrenstyp (P: projektiv, B: Beobachtung, I: Interview), Abk: Testkürzel, AB: Altersbereich (Jahre, n.a.: nicht angegeben); N: Normwerte (Sum: Summenwerte, Freq: Häufigkeiten, fl: freie Interpretation, Dist: Distanzmaß; Kat: Einordnung in Kategorien, ST: Stanine, %R: Prozentränge)

Literatur

1. Ainsworth, M. D. S., Blehar, M. C., Waters, E., & Wall, S. (1978). *Patterns of attachment. A psychological study of the strange situation.* Erlbaum.
2. Arbeitsgruppe familienrechtliche Gutachten. (2019). *Mindestforderungen an die Qualität von Sachverständigengutachten im Kindschaftsrecht* (2. Aufl.). Deutscher Psychologen Verlag [https://www.bmj.de/SharedDocs/Downloads/DE/PDF/Themenseiten/FamilieUndPartnerschaft/MindestanforderungenSachverstaendigengutachtenKindschaftsrecht.html].
3. Balloff, R. (2018). *Kinder vor dem Familiengericht* (3. Aufl.). Nomos.
4. Behrend, K. (2011). Das Gutachten als Lösungshilfe bei Sorge- und Umgangsstreitigkeiten nach Trennung. In K. Menne & M. Weber (Hrsg.), *Professionelle Kooperation zum Wohle des Kindes. Hinwirken auf elterliches Einvernehmen im familiengerichtlichen Verfahren (FamFG).* Juventa.
5. Papousek, H., & Papousek, M. (1987). Intuitive parenting: A dialectic counterpart to the infant's integrative competence. In J. D. Osofsky (Hrsg.), *Handbook of infant development* (2. Aufl., S. 669–720). Wiley.
6. Voß, H.-G.W. (1989). Entwicklungspsychologische Familienforschung und Generationenfolge. In H. Keller (Hrsg.), *Handbuch der Kleinkindforschung* (S. 207–227). Springer.

6

Umgang mit dem Kind nach Trennung und Scheidung

Bereits in der Vortrennungsphase hat die Frage, wie später die weiteren Kontakte des dann nicht-residenten Elternteils mit dem Kind ausgestaltet werden sollen – neben der grundsätzlicheren Frage nach dem künftigen Aufenthalt des Kindes – einen hohen Klärungsbedarf. Die meisten Eltern sind sich der Bedeutung bewusst, welche eine weitere Entwicklung und Pflege der Beziehung des Kindes zu beiden Elternteilen hat. In solchen Fällen werden Regelungen für die Nachtrennungsphase getroffen, die sowohl dem Anspruch des Kindes auf Umgang mit beiden Elternteilen als auch den berechtigten Interessen der Eltern genügen. Eltern ist es grundsätzlich zur freien Entscheidung überlassen, wie sie die beiderseitigen Kontakte mit ihrem Kind nach der Trennung ausgestalten wollen. Wo das Kind seinen weiteren Lebensmittelpunkt haben soll, ob es einen solchen überhaupt geben soll (*Zwei-Zuhause-Modell* oder *paritätisches Wechselmodell*), wie Besuchszeiten und Umgangskontakte aufzuteilen sind, welche besonderen Aufgaben in der Betreuung jeder Elternteil übernimmt usw. – dafür gibt es keine rechtlichen Vorgaben, wenn die Eltern sich einig sind.

In der Realität wird dieses Bild jedoch durch eine beträchtliche Zahl an jährlichen Verfahren getrübt, bei denen die Umgangsregelung

© Der/die Autor(en), exklusiv lizenziert durch Springer Fachmedien Wiesbaden
GmbH, ein Teil von Springer Nature 2022
H.-G. W. Voß, *Eltern vor dem Familiengericht*,
https://doi.org/10.1007/978-3-658-35848-8_6

entweder strittig ist, ein Umgang vom Wohnelternteil (residenter Elternteil) gänzlich verweigert wird, oder – in eher seltenen Fällen – der Umgang vom nicht-residenten Elternteil verweigert wird. So wurde in 40 % aller Scheidungen im Jahr 2020 auch eine familiengerichtliche Entscheidung zum Umgangsrecht erforderlich, wovon wiederum jede 22. (4,5 %) erneut vor dem zuständigen Beschwerdegericht (Oberlandesgericht) verhandelt wurde [12]. Leider gibt es keine statistischen Angaben darüber, wie sich die Entscheidungen auf Mütter und Väter verteilen. Da wir aber wissen, dass von allen Sorgerechtsentscheidungen bei Eltern etwa 33 % zugunsten von Müttern getroffen wurden (in 2020) und „nur" knapp 13 % zugunsten von Vätern (die restlichen Prozentzahlen entfallen auf eine dritte Person oder auf das gemeinsame Sorgerecht), ist anzunehmen, dass es in der Mehrzahl der Fälle Väter sind, welche ihr Recht auf Umgang mit dem Kind vor Gericht einfordern [12].

In diesem Kapitel geht es zunächst um die Frage, welche Personen grundsätzlich ein Recht auf Umgang mit dem Kind haben, anschließend darum, warum der Umgang misslingt und wie eine Umgangsverfahren (noch) abgewendet werden kann. Weitere Fragen sind: Wann kommt es zu einem Umgangsverfahren? – Wie wird der Umgang im Einzelfall geregelt? – Was ist erlaubt, was nicht? Eine Sonderstellung nimmt hier das sogenannte *Wechselmodell* ein (es sind eigentlich eher Wechselmodelle), da es Eltern und Kindern besondere Anpassungsleistungen abverlangt und sein Nutzen – in Bezug auf Kindeswohlgesichtspunkte – sowohl in der Rechtsprechung als auch in den psychologischen Fachdisziplinen nicht unumstritten ist. Es wird in einem gesonderten Kapitel behandelt.

6.1 Welche Personen sind umgangsberechtigt?

Grundsätzlich sind umgangsberechtigt: das Kind, die Eltern, Geschwister, Großeltern, andere Bezugspersonen, der leibliche Vater (wenn eine andere rechtliche Vaterschaft besteht). Die hier verbindlichen Gesetzesnormen sind die folgenden:

6 Umgang mit dem Kind nach Trennung und Scheidung

- Das Kind hat das Recht auf Umgang mit jedem Elternteil; jeder Elternteil ist zum Umgang mit dem Kind verpflichtet und berechtigt (§ 1684 Abs. 1 Satz 1 BGB).
- Großeltern und Geschwister haben ein Recht auf Umgang mit dem Kind, wenn dieser dem Wohl des Kindes dient (§1685 Abs. 1 BGB).
- Das Gleiche gilt für enge Bezugspersonen des Kindes, wenn diese für das Kind tatsächliche Verantwortung tragen oder getragen haben (sozial-familiäre Beziehung) (wie zuvor Abs. 2).
- Solange die Vaterschaft eines anderen Mannes besteht, hat der leibliche Vater, der ein ernsthaftes Interesse an dem Kind gezeigt hat, 1. Ein Recht auf Umgang mit dem Kind, wenn der Umgang dem Kindeswohl dient, und 2. Ein Recht auf Auskunft von jedem Elternteil über die persönlichen Verhältnisse des Kindes, soweit er ein berechtigtes Interesse hat und dies dem Wohl des Kindes nicht widerspricht (§ 1686a Abs. 1 Satz 1 BGB).

Besonders hervorzuheben ist hier, dass auch das Kind ein Recht auf Umgang mit den Eltern hat (allerdings nicht mit den sonst angeführten Personen), und dass demgegenüber Interessen der Eltern zurückstehen müssen. „Ein Recht haben" bedeutet zugleich, dass dies eingeklagt werden kann, auch gegen den erklärten Willen eines Elternteils. Dazu das folgende Beispiel:

> In dem Verfahren vor dem Oberlandesgericht Frankfurt am Main ging es um die Weigerung eines Vaters von drei Söhnen, welcher in der Verhandlung vor dem Amtsgericht erklärt hatte, er wolle zwar nicht, dass es den Kindern schlecht gehe, es sei ihm jedoch nicht möglich, derzeit einen Umgang wahrzunehmen, da er unter starkem beruflichem Druck stehe, mit seiner Lebensgefährtin ein neugeborenes Kind habe, kaum schlafe und bis zu 120 Stunden in der Woche arbeite. Das Amtsgericht ließ die Gründe nicht gelten und verpflichtete den Vater zu einem Umgang an jedem ersten Sonntag im Monat von 9 bis 19 Uhr, sowie zukünftig jeweils die halben Schulferien. Dagegen hatte der Vater Beschwerde eingelegt. Das Umgangsverfahren war ursprünglich von der Kindesmutter eingeleitet worden, u. a. weil die Kinder sich „sehnlichst einen Umgang mit ihrem Vater" wünschten. Die Beschwerde wurde nun vom OLG zurückgewiesen. In der Begründung bezieht sich das OLG auch auf den Artikel 6 Abs. 2 Satz 1 des Grundgesetzes „Pflege und Erziehung der Kinder sind das natür-

> liche Recht der Eltern und die zuvörderst ihnen obliegende Pflicht", sowie auf ein Urteil des Bundesverfassungsgerichts, wonach es einem Elternteil zumutbar ist, auch unter Beeinträchtigung seiner Persönlichkeitssphäre zum Umgang mit seinem Kind verpflichtet zu werden, wenn dies dem Kindeswohl dient [8].

Das Beispiel unterstreicht den Vorrang von Kindesinteressen vor Elterninteressen, wobei man allerdings aus psychologischer Sicht grundsätzlich infrage stellen muss, ob ein verordneter Umgang gegen den Willen des betreffenden Elternteils tatsächlich auf Dauer dem Wohl des Kindes dienlich ist (auch wenn der Umgang hier dem Wunsch der Kinder entspricht). Hier wäre eventuell das Jugendamt in seiner Wächterfunktion gefordert.

Die Kindesmutter hatte hier ursprünglich den Antrag gestellt, dem Kindesvater eine Umgangsverpflichtung aufzuerlegen. Für die familienrechtliche Regelung des Umgangs ist jedoch ein Antrag – ungleich dem Sorgerechtsverfahren – nicht unbedingt erforderlich. In der Regel werden die Eltern spätestens im Scheidungsverfahren danach gefragt, ob sie – neben der Regelung des zukünftigen Aufenthaltsortes des Kindes – auch in der Frage des Umgangs mit dem nicht-residenten Elternteile eine Einigung erzielt haben. Besteht darüber kein Einvernehmen zwischen den Eltern, wird das Gericht von sich aus ein Umgangsverfahren einleiten, welches dann allerdings in der Regel vom Ehescheidungsverfahren abgetrennt und als eigene Kindschaftssache angelegt und fortgeführt wird.

Die Sonderstellung von Eltern – gegenüber anderen Verwandten und umgangsberechtigten Personen – wird in der Verpflichtung zum Umgang deutlich. Damit wird die Auffassung bekräftigt, dass es grundsätzlich dem Wohl des Kindes dient, Umgangskontakte mit beiden Elternteilen zu haben. Dagegen ist der leibliche Vater nicht verpflichtet zum Umgang, wenn gleichzeitig ein rechtlicher Vater vorhanden ist. Um rechtlicher Vater zu sein, genügt es, mit der Mutter des Kindes zum Zeitpunkt der Geburt verheiratet zu sein oder die Vaterschaft anerkannt zu haben (das kann auch schon vor der Geburt des Kindes geschehen); trifft beides nicht zu, wird die Vaterschaft nach § 1600d BGB vom Gericht bestimmt. Mit der rechtlichen Anerkennung neuerer Formen der Ehe gerät die Verknüpfung von (anerkannter oder leiblicher) Vaterschaft und Umgangsberechtigung jedoch ins Wanken, da beispielsweise die mit der Kindesmutter verheiratet Ehefrau nicht als „Zweite Mutter" mit dem rechtlichen oder leiblichen Vater gleichgestellt ist. Ihr bliebe im Trennungsfall nur die schwächere rechtliche Möglichkeit des § 1685 Abs. 2 BGB in Verbindung mit der Anerkennung als „enge Bezugsperson" [1].

6.2 Warum misslingen Umgangskontakte?

Menschen neigen dazu, die Ursachen für soziale Probleme eher beim anderen zu suchen. Auseinandersetzungen zum Umgangsrecht machen da keine Ausnahme. Die schmerzlichen und leidvollen Erfahrungen im Umgang der Partner, welche schließlich zur Trennung geführt haben, hinterlassen oftmals eine Mischung aus Ärger, Wut, Frustration und auch Ängsten in Bezug auf ein Leben ohne Partner. Psychologen sprechen hier gerne von einer *narzisstischen Kränkung,* gleichzusetzen mit einer Verletzung von Selbstwertgefühl und Selbstachtung. Eine Möglichkeit, das verletzte Selbst wiederherzustellen – oder zumindest zu stärken – ist Rache, eine andere, Macht über den anderen auszuüben. Beide Motive dürften beim „Kampf ums Kind" nicht selten eine Rolle spielen, wenngleich auch in der Regel hinter der Maske der Besorgtheit um das Wohl des Kindes versteckt. Entspricht dieses Bild der Haltung des betreuenden Elternteils, so wird dies in schwerwiegenden Fällen wohl am ehesten dem entsprechen, was mit "Elterlicher Entfremdung" gemeint ist (vgl. Abschn. 4.4).

Unter einer erweiterten Perspektive betrachtet, welche nicht das schuldhafte Versagen einzelner Personen bei der Bewältigung der Nachtrennungsphase in den Mittelpunkt rückt, erscheint es angemessener, Umgangsprobleme eher als Ausdruck eines *dysfunktionalen Familiensystems* in der Nachtrennungs-/Nachscheidungsphase zu sehen. Wenn die neuen strukturellen Veränderungen (alleinerziehend, alleinlebend ohne Kind, mit neuem Partner/neuer Partnerin, mit oder ohne weiteren Kindern) (noch) nicht konform gehen mit psychischen Anpassungen („Loslassen-Können", Verantwortung abgeben und teilen,

Bindungstoleranz, neuer Beziehungsaufbau), sind Spannungen und Konflikte die Folge.

Aufseiten des betreuenden Elternteils erschweren Umgangskontakte oftmals ein „Vergessen" der aufgegebenen Beziehung zum Ex-Partner, zumal wenn diese immer wieder mit persönlichen Begegnungen (Bringen und Abholen des Kindes) oder – bei weiterbestehender gemeinsamer Sorge – mit Absprachen, Verhandlungen und gemeinsamen Entscheidungen verbunden sind. Mit Umgangskontakten gibt dieser Elternteil zeitweilig die Kontrolle über das Kind ab mit der Folge von Ängsten und übertriebener Besorgtheit. Die „Abgabe" des Kindes, wenngleich auch nur zeitweilig, verstärkt das Gefühl einer Vereinsamung und fördert depressive Gedanken, die Folge ist oftmals eine verstärkte Hinwendung zum Kind und – im pathologischen Fall – dessen *Parentifizierung*, indem das Kind – selbstverständlich überfordert – in die Rolle eines Erwachsenen hineingedrängt wird.

Für den nicht-betreuenden, umgangsberechtigten Elternteil stehen häufig Ängste im Vordergrund, die Liebe und Zuneigung des Kindes zu verlieren. Mit dem Kind geht eine „wertvolles Gut" verloren, welches man einstmals besessen hat. Unangemessenes Besitzdenken, fehlende Akzeptanz der Eigenstrebungen des Kindes und eine Mangel an Achtung der Persönlichkeit des Kindes führen zu verstärkten Bemühungen, das Kind an sich zu ziehen, was wiederum beim residenten Elternteil Verlustängste verstärkt. Aus *systemischer* Sicht würde man hier von einer *positiven Rückkopplung* sprechen (positiv ist hier nicht wertend gemeint), welche nur schwer zu durchbrechen ist.

Auch aufseiten des Kindes lassen sich Gründe für ein Scheitern von Umgangskontakten bzw. Schwierigkeiten bei deren Anbahnung nennen. In vorderster Reihe steht der *Loyalitätskonflikt,* welcher in der Regel das Vorhandensein von Bindungen des Kindes an beide Elternteile voraussetzt. Der Konflikt wird verstärkt durch Besitzansprüche der Eltern. In dem Beispiel in Abschn. 4.1 sieht Karl einen Ausweg darin, sich eher demonstrativ auf die Seite eines Elternteils (hier seine Mutter) zu stellen. Aus psychologischer Sicht ist Karl gefährdet, da dies Schuldgefühle zur Folge haben kann, welche dann abgewehrt werden müssen, wofür wiederum viel psychische Energie aufzuwenden ist. Als weitere Gründe und Motive für eine Umgangsverweigerung des

Kindes kommen u. a. infrage: Bindungsschwäche, negative Erfahrungen im Umgang mit dem nicht-betreuenden Elternteil in der Zeit des Zusammenlebens, Parteinahme für den betreuenden Elternteil als Folge miterlebter häuslicher Gewalt, Beeinflussung durch den residenten Elternteil und eventuell Einfluss der Geschwister.

6.3 Welche Möglichkeiten gibt es, ein Umgangsverfahren noch abzuwenden?

Aus dem Primat des Kindeswohls auch bei umgangsrechtlichen Entscheidungen ergibt sich für die Eltern – wie im Falle sorgerechtlicher Verfahren – die Verpflichtung, auf eine Einigung in umgangsrechtlichen Fragen hinzuwirken. Das Gesetzt spricht hier von „Meinungsverschiedenheiten" (§ 1627 Satz 2 BGB), ein Ausdruck, welcher angesichts häufig eskalierender Konflikte etwas deplatziert wirkt. Aus dem Einigungsgebot ergibt sich wiederum die Verpflichtung, bereits im Vorfeld einer umgangsrechtlichen Entscheidung eine dann außergerichtliche Einigung zu erreichen. Das wäre natürlich aus Sicht aller Beteiligten die beste Lösung – doch leider…

Spätestens in der ersten Sitzung des Familiengerichts, werden die Eltern dazu angehalten, in nächster Zeit eine von beiden Seiten getragene Umgangsregelung zu vereinbaren. Dazu werden die entsprechenden Möglichkeiten einer Konfliktbeilegung genannt. Als solche kommen in Betracht:

- *Beratung* bzw. *Erziehungsberatung* durch eine dafür ausgewiesene Fachkraft. Die Beratung kann mit einem Elternteil oder mit beiden bzw. alternierend stattfinden. Dabei sind Prinzipien der *Beratungspsychologie* zu beachten, u. a. dass der Berater zur Neutralität verpflichtet ist und eine Beratung nicht zu einer Therapie wird. Beratung kann auch Paarberatung sein, wenn den Eltern bewusst ist, dass ihre Probleme mit dem Umgang ihren Ursprung und ihre „Befeuerung" in der Beziehungsgeschichte haben – was ja meistens der Fall ist, allerdings wiederum leicht zu einer therapeutischen Intervention führen kann.

- *Paartherapie* oder *Einzeltherapie*. Letztgenannte wird wohl eher in seltenen Fällen angebracht sein, da eine solche in der Auseinandersetzung der Eltern die „Schuld" (aus Sicht des anderen Elternteils) und die „Last" auf nur einen Elternteil verlagert, was für eine weitere gedeihliche Beziehungsentwicklung als Eltern (!) kaum förderlich sein dürfte. Eher geeignet erscheint hier der Ansatz der *systemischen Familientherapie*, welche die dynamischen Wechselwirkungen zwischen den Familienmitgliedern (das Kind eingeschlossen) berücksichtigt. Ein Problem ist hier die lange Dauer von Therapien (häufig mindestens ein Jahr), was eklatant im Widerspruch zu der aus Kindeswohlgründen gebotenen Beschleunigung von Einigungs- oder Entscheidungsprozessen stehen würde. (Für das Umgangsrechtsverfahren gilt auf jeden Fall das Beschleunigungsgebot des § 155 FamFG, wo es u. a. heißt: „vorrangig und beschleunigt"). Eine dem Umgangsverfahren vorgeschaltete Therapie wird also nur dann infrage kommen, wenn eine unmittelbare Gefährdungslage für das Kind nicht besteht, das Kind tatsächlich über Umgangskontakte verfügt und die Eltern darüber zunächst einen „Burgfrieden" vereinbart haben. Nicht gedeckt durch gesetzliche Vorgaben sind solche Interventionsansätze, bei welchen der psychologische Sachverständige im Rahmen seines eventuell erteilten gerichtlichen Auftrags, auf ein Einvernehmen zwischen den Beteiligten hinzuwirken (§ 163 Abs. 2 FamFG), in die Rolle des Therapeuten überwechselt, wie von einigen Befürwortern eines systemischen Ansatzes für die Tätigkeit des Sachverständigen explizit gefordert [5].
- *Mediation* durch einen anerkannten (d. h. zertifizierten) Mediator. Die Mediation (wörtlich Vermittlung) ist inzwischen als Mittel zur außergerichtlichen Konfliktbeilegung anerkannt und seit 2012 auch gesetzlich durch das *Mediationsgesetz (MediationsG)* festgeschrieben. Danach ist Mediation ein vertrauliches und strukturiertes Verfahren, bei dem Parteien mithilfe eines oder mehrerer Mediatoren freiwillig und eigenverantwortlich eine einvernehmliche Beilegung ihres Konflikts anstreben (§ 1 Satz 1, Begriffsbestimmungen). Ein Mediator ist unabhängig und neutral, hat keine Entscheidungsfunktion und allen Parteien gleichermaßen verpflichtet. Er unterliegt auch der Schweigepflicht, mit der Einschränkung, dass die eventuell

erzielte Vereinbarung in die Realität umzusetzen ist, oder dass es schwerwiegende Gründe gibt, den Inhalt der Vereinbarung offenzulegen, beispielsweise bei Kindeswohlgefährdung. Die Ausbildung zu einem Mediator ist seit 2016 in der Zertifizierten-Mediatoren-Ausbildungsverordnung *(ZmediatAusbV)* geregelt.

Die Nutzung der hier aufgeführten Methoden entspricht, wie bereits gesagt, dem Einigungsgebot des § 1627 Satz 2 BGB und sollten möglichst noch vor einem von Amts wegen eingeleiteten Umgangsverfahren genutzt werden. Aber auch noch nach Eröffnung des Verfahrens halten Familiengerichte daran fest, dass ein Einigungsversuch unternommen wird, es sei denn, die Eltern sind so hochgradig zerstritten, dass nach vernünftiger Einschätzung des Gerichts ein entsprechender Versuch wenig Chancen auf Erfolg verspricht. Gibt es diese Chancen noch, so kann das Gericht zwar eine Maßnahme zur außergerichtlichen Konfliktbeilegung in ihrer Gänze nicht verordnen (oder mit Zwangsmaßnahmen durchsetzen), es kann aber anordnen, dass die Eltern „einzeln oder gemeinsam an einem kostenfreien Informationsgespräch über Mediation oder über eine sonstige Möglichkeit der außergerichtlichen Konfliktbeilegung bei einer vom Gericht benannten Person oder Stelle teilnehmen und eine Bestätigung hierüber vorlegen"; und es kann auch anordnen, dass die Eltern an einer Beratung durch die Beratungsstellen und -dienste der Träger der Kinder- und Jugendhilfe teilnehmen, deren Auftrag u. a. die „Entwicklung eines einvernehmlichen Konzepts für die Wahrnehmung der elterlichen Sorge und der elterlichen Verantwortung" ist (§ 156 Abs. 1 FamFG). Auch diese Maßnahmen sind nicht mit Zwangsmitteln durchsetzbar – sie haben dringlichen Appellcharakter. Haben sich die Eltern aufgrund der Maßnahmen – oder auch anderweitig – geeinigt, wie mit dem Umgang zukünftig verfahren werden soll, so kann dies als „gerichtlich gebilligter Vergleich" zur Umgangsregelung zu Protokoll genommen werden, wenn gleichzeitig damit dem Kindeswohl nicht widersprochen wird.

In allen diesen Fällen gilt der Grundsatz, dass das Verfahren zum Umgang möglichst zügig zu erfolgen hat und Verzögerungen zu vermeiden sind. Ist dies nicht möglich oder nicht zu erwarten – etwa bei

Inanspruchnahme der Maßnahmen zur Konfliktbeilegung – wird das Gericht in der Regel die Möglichkeit einer sogenannten *Einstweiligen Anordnung* in Erwägung ziehen, mit den Beteiligten (Eltern, Verfahrensbeistand, Jugendamt) erörtern und eventuell beschließen („erlassen"). Sie enthält eine vorläufige Regelung des Umgangs, kann diesen aber auch ausschließen, bis im „Hauptverfahren" ein Beschluss (oder eine Vereinbarung) vorliegt. Die Einstweilige Anordnung (EA) zum Umgangsrecht (Aktenkennzeichen EAUG) entspricht einer Schutzmaßnahme für das Kind. Sie bezieht sich auf die akute Lage, in welcher das Kind sich gerade befindet und betrifft sozusagen die momentan „am wenigsten schädliche" oder bestenfalls die dem Schutzbedürfnis des Kindes „am ehesten entsprechende" Maßnahme. Der Erlass einer einstweiligen Anordnung beschränkt sich nicht auf das Vorliegen einer Verzögerung im Verfahrensablauf; vielmehr hat das Gericht in jedem Fall am Beginn eines Verfahrens zu prüfen, ob eine akute Gefährdung des Kindeswohls vorliegt und wie eine solche per EA kurzfristig abzuwenden oder abzumildern ist.

Eine weitere Besonderheit im Verfahrensablauf ist das *Vermittlungsverfahren*. Es kommt dann in Betracht, wenn bereits eine gerichtliche Entscheidung oder ein gerichtlich gebilligter Vergleich vorliegt, ein Elternteil jedoch geltend macht, dass der andere sich nicht an die Regelung hält, zum Beispiel den Umgang mit dem gemeinschaftlichen Kind vereitelt oder erschwert. Der beschwerdeführende Elternteil muss dann einen entsprechenden Antrag auf Vermittlung stellen, damit das Familiengericht tätig wird. Dessen Reaktion besteht darin, die Eltern (und eventuell das Jugendamt) zu einem Termin zu laden und ihnen eindringlich vor Augen zu führen, welche nachteiligen Folgen ein Unterbleiben des Umgangs für das Kind haben kann und welche Konsequenzen (Rechtsfolgen) sich ergeben, wenn nicht doch noch eine gütliche Einigung herbeigeführt wird. Wird keine einvernehmliche Regelung des Umgangs erreicht und gibt es auch hinsichtlich einer nachfolgenden außergerichtlichen Beratung von Elternseite keine Übereinkunft (auch das Fernbleiben eines Elternteils zum Vermittlungstermin reicht aus), stellt das Gericht durch Beschluss fest, dass das Vermittlungsverfahren gescheitert ist. Das Gericht wird dann prüfen, ob

Ordnungsmittel (Ordnungsgeld), eine Änderung der bestehenden Umgangsregelung, oder sorgerechtliche Maßnahmen erfolgen sollen. Ein (erneutes) Umgangsverfahren kann dann von Amts wegen oder innerhalb eines Monats von einem Elternteil beantragt werden (§ 165 FamFG).

Vermittlungsverfahren haben eine restaurative Funktion, indem mit ihnen eine bereits bestehende Regelung wiederhergestellt werden soll, was aber oftmals von einem Elternteil mit Leichtigkeit unterlaufen werden kann. Für den beantragenden Elternteil besteht der „strategische Nutzen" darin, die (angebliche) vom Antragsgegner herbeigeführte Abänderung oder Vereitelung des Umgangs (erneut) anzuprangern, bei diesem eventuell eine Ordnungsstrafe zu bewirken, bzw. ein umgangsrechtliches Hauptverfahren erneut herbeizuführen. Solche Verfahren gleichen dann eher einer „Durchlaufstation" in einer langen Reihe von umgangsrechtlichen Verfahren – vor allem wenn die Eltern sehr zerstritten sind und die Aussichten auf Herstellung eines Einvernehmens sehr gering sind. Im nachfolgenden Beispiel streiten die Eltern seit Jahren unter Anrufung mehrerer Amts- und Beschwerdegerichte (OLG), was zu einer Reihe von unterschiedlichen bzw. immer wieder abgeänderten Umgangsregelungen geführt hat.

> Klaus (11) besucht entsprechend gerichtlicher Umgangsvereinbarung seinen Vater regelmäßig jedes zweite Wochenende und in den Ferien (hälftig). Die Kindesmutter möchte, dass der Umgang für einige Zeit ausgesetzt wird, da Klaus angeblich „schon immer nur widerwillig" zum Vater gegangen sei und er jetzt, „wegen Corona und all den Belastungen in der Schule" mehr Zeit brauche und „zur Ruhe" kommen müsse. Zuletzt war die Situation eskaliert, nachdem Klaus kurz vor Abreise mit seinem Vater zu einem Urlaubsort seiner Mutter per Handy eine Botschaft übermittelt hatte, wonach er am Bahnhof sei und „der Papa mit ihm abreisen" wolle. Die Mutter eilte darauf hin zum Bahnhof und Klaus wurde unter Einsatz der Polizei abgeholt. Der Kindesvater sah darin eine Umgangsvereitelung und beantragte beim Familiengericht ein *Vermittlungsverfahren*. Sein Vorschlag, beide Eltern sollten eine psychologische Beratung in Anspruch nehmen, um bezügliche des Umgangs eine nachhaltige Einigung zu erzielen, wurde von der Antragsgegnerin (hier die Mutter) mit dem Hinweis abgelehnt, Gespräche hätten „schon zur Genüge stattgefunden" und es sei keine Verbesserung zu erwarten. Vom Gericht wurde daraufhin das Scheitern des Vermittlungsverfahrens festgestellt

> und angekündigt, dass „in einem neuerlichen gesonderten Verfahren eine Neuregelung des Umgangs zu prüfen sei" und „insofern ein Sachverständigengutachten für erforderliche gehalten werde."[1].

6.4 Wann kommt es zu einem Umgangsverfahren?

Die erste Frage, die sich hier stellt, lautet: Dient der Umgang mit dem nichtresidenten Elternteil oder anderen umgangsberechtigten Personen bereits dem Kindeswohl? Die zweite: Ist ein Umgang aus Gründen des Kindeswohls überhaupt erforderlich?

Was zunächst als Dasselbe anmutet, ist es bei näherer Betrachtung nicht. Bei der ersten Frage geht man von der Vorstellung aus, dass es ausreicht, wenn die bestehenden Verhältnisse dem Kind bereits das bieten, was den Erfordernissen des Kindeswohls entspricht. Anders ausgedrückt: Es ist nicht unbedingt erforderlich, dem Kind „noch bessere" Lebensverhältnisse zu bieten als jene, die es bereits hat. Dettenborn spricht hier (bezogen auf Sorgerechtsentscheidungen) davon, dass „eine günstige Relation zwischen Bedürfnissen und Lebensbedingungen des Kindes genügt. Es muss nicht die günstigste sein, sie kann suboptimal sein." [3, S. 74/75] Das bedeutet auch, dass im konkreten Fall der Umgang gerichtlich eingeschränkt oder ausgeschlossen werden kann, wenn dieser dem Kindeswohl zwar widerspricht, jedoch das Kind durch eine solche Maßnahme nicht ernstlich gefährdet wird. Problematisch ist hierbei allerdings, dass eine Abgrenzung zwischen „widerspricht" und „nicht gefährdend" im Einzelfall schwierig sein dürfte. Bei dem im Abschn. 6.1. angeführten Beispiel wurde der Kindesvater gegen seinem erklärten Willen zum Umgang angehalten, weil es dem Kindeswohl widersprechen würde, dem Wunsch der Kinder nach Kontakten mit ihrem Vater nicht nachzukommen. Das Gericht sah deren Recht auf Umgang mit beiden Elternteilen als verletzt an, ein Umgang diene dem

---

[1] Quelle: Autor.

6 Umgang mit dem Kind nach Trennung und Scheidung 115

Kindeswohl, eine ernstliche Gefährdung im Falle eines Ausbleibens von Umgangskontakten wurde jedoch nicht angeführt.

Bei der zweiten Frage wäre die Ausgangssituation so, dass mit einer Aberkennung des Rechts auf Umgang oder mit einer Aussetzung von Umgängen mit dem Kind eine konkrete Gefährdung des Kindeswohls eintreten würde. Ein Umgang ist somit erforderlich, um eine Gefährdung abzuwenden. Das wäre etwa der Fall, wenn das Kind eine enge und vertrauensvolle Beziehung zum umgangsbegehrenden Elternteil aufgebaut hat und wenn eine Entfremdung droht.

Das Erfordernis einer Gefährdung des Kindeswohls ist dann zwingend vorgeschrieben, wenn das Umgangsrecht bzw. seine Umsetzung für längere Zeit einzuschränken oder auf Dauer auszuschließen ist (§ 1684 BGB Abs. 4 Satz 2). Das bedeutet zugleich, dass die Schwelle für solche Entscheidungen eher hoch angesetzt ist (ein bloßer Verdacht genügt nicht), da eine Gefährdung jeweils konkret nachzuweisen ist (z. B. im Falle sexuellen Missbrauchs, Alkohol- oder Dogenabhängigkeit, psychischen Erkrankungen). Im nachfolgend geschilderten Fall bedurfte es zweier Sachverständigengutachten, um einen befristeten Ausschluss des Umgangsrechts abzusichern:

> Die Eltern waren nicht miteinander verheiratet, die Mutter übte die alleinige Sorge aus. Das Kind, geboren 2000, blieb nach dem Auszug des Vaters aus der gemeinsamen Wohnung in 2003 zunächst bei der Mutter. Der Vater beantragte, das Aufenthaltsbestimmungsrecht auf ihn zu übertragen, da die Mutter u. a. drogenabhängig sei. Das Amtsgericht übertrug jedoch das Aufenthaltsbestimmungs- und Erziehungsrecht auf das Jugendamt als Pfleger. Das Kind lebte dann zunächst beim Vater. Als das Kind 6 Jahre alt war, wurde vom Familiengericht festgestellt, dass die Mutter die elterliche Sorge auf längere Zeit nicht ausüben könne. Für das Kind wurde ein Vormund bestellt. Der Vater reichte dagegen Beschwerde ein, welche abgewiesen wurde. 2006 wurde das Kind vom Jugendamt in Obhut genommen, da der Vater bei Abholung des Kindes von der Kindertagesstätte den Mitarbeiterinnen wiederholt alkoholisiert erschienen war. Der Antrag des Vaters, das Kind wieder in seinen Haushalt zurückzuführen, wurde abgelehnt. Begründet wurde dies mit erheblichen Einschränkungen der Erziehungsfähigkeit des Vaters, nach Einholung eins Sachverständigengutachtens. Daraufhin hatte das Familiengericht das Umgangsrecht des Vaters neu geregelt, wogegen die Verfahrenspflegerin [Anmerkung: früherer Ausdruck, heute Verfahrensbeiständin] jetzt

> Einspruch einlegte und beantragte, das Umgangsrecht des Vaters auszusetzen. Auch der Vater hatte Beschwerde eingelegt, da er der Auffassung war, es müsse der Umgang mit ihm erweitert werden, da dies dem Wohl des Kindes diene. Ein weiteres Sachverständigengutachten wurde in Auftrag gegeben. Es war u. a. die Frage zu beantworten, ob aufgrund des Verhaltens des Vaters im Zusammenhang mit den Umgangskontakten das Wohl des Kindes gefährdet sei, sodass der Umgang auszuschließen ist, oder ob ein gemäß Antrag des Vaters ausgedehnter Umgang ohne Kindeswohlgefährdung angezeigt ist. Die Mutter unterstützte den Antrag des Vaters. Das OLG Hamburg wies die Beschwerde das Vaters zurück und folgte der Beschwerde der Verfahrenspflegerin, indem ein befristeter Ausschluss (15 Monate) des Umgangsrechts des Vaters angeordnet wurde [10].

Im Gesamtablauf über eine Zeitspanne von 7 Jahren steht hier das Umgangsrechtsverfahren am (vorläufigen?) Ende einer längeren Kette von rechtlichen Auseinandersetzungen zunächst zum Sorgerecht (Aufenthaltsbestimmungsrecht) und dann zum Umgangsrecht. Im vorliegenden Fall war der Vater des Kindes nicht sorgeberechtigt, sein grundsätzlich bestehendes Umgangsrecht bleibt davon jedoch unberührt. Erkenntnisse und Wertungen aus dem Sorgerechtsverfahren sind nicht ohne weiteres auf umgangsrechtliche Fragen anzuwenden oder zu übertragen. Aus diesem Grunde musste ein zweites Sachverständigengutachten eingeholt werden, das den umgangsrechtlichen Fragen gewidmet war. Die (befristete) Einschränkung des Umgangsrechts erfolgte allein unter Hinweis auf die Erziehungsfähigkeit des Vaters, sie reichte aus, so dass andere Gesichtspunkte nicht mehr zu berücksichtigen waren. So blieb z. B. der Wille des Kindes unerwähnt und wurde offensichtlich nicht einmal festgestellt.

Die Regelung des Umgangs wird erforderlich, wenn sich die Eltern nach der Trennung nicht auf eine solche einigen können oder wenn ein Elternteil die bestehende – zumeist informell von den Eltern vereinbarte Regelung nicht mehr aufrechterhalten oder abändern will. Dazu muss sich der betreffende Elternteil an das Familiengericht wenden, es bedarf jedoch keines förmlichen Antrages, die „Anregung" zu einem Verfahren genügt. (Eine solche kann auch vom Jugendamt kommen). Das Familiengericht wird dann von sich aus prüfen, ob eine Gefährdungslage vorliegt und welche Maßnahmen am besten geeignet sind, dem

Recht des Kindes *und* der Eltern auf Umgang zu entsprechen. Wiewohl das Elterninteresse vor dem Kindesinteresse zurückzustehen hat, ist es doch nicht völlig unerheblich. Schließlich hat der nicht-residente Elternteil das Recht, seine Beziehung zum Kind zu festigen, weiterzuentwickeln und zu pflegen. Dabei wird auch zu berücksichtigen sein, dass das Kind eventuell einem Umgang zunächst ablehnend gegenübersteht, jedoch, wenn es weiterhin dazu angehalten wird, seinen Widerstand aufgrund neuer und befriedigender Erfahrungen mit dem umgangsberechtigten Elternteil aufgibt. Dem entspricht die Verpflichtung des residenten Elternteils, seine erzieherische Kompetenz dazu einzusetzen, das Kind zum Umgang anzuhalten und das Kind – besonders wenn es schon älter ist – vom Wert der Umgangskontakte zu überzeugen. Für den aufmerksamen Beobachter offenbart sich oftmals sehr rasch, ob entsprechende Anstrengungen des betreuenden Elternteils ernst gemeint („authentisch") sind oder nicht; in dieser Hinsicht hat das oft gehörte „Mein Kind will es nicht, ich kann es doch nicht mit Gewalt zwingen" sozusagen Signalcharakter.

6.5 Was wird geregelt – welche Umgangsmodelle gibt es?

Das Recht zum Umgang entspricht Elternrecht (auf andere Personen übertragen, sind zum Beispiel Geschwister und Großeltern auch umgangsberechtigt); es kann somit nicht zugesprochen, sondern allenfalls eingeschränkt oder ausgesetzt werden. Das paritätische Wechselmodell ausgenommen, erstreckt sich Umgang jedoch im gerichtlich geregelten Rahmen auf ein jeweils begrenztes Zeitintervall, für dessen genauen Umfang es keine rechtlichen Vorgaben gibt. Außergerichtlich können die Eltern selbstverständlich frei darüber bestimmen und sich einigen, wie sie den Umgang zeitlich (und örtlich) ausgestalten wollen. Erst im Konfliktfall und bei drohender Kindeswohlgefährdung greift das Familiengericht ein. Wird dementsprechend im Einzelfall zunächst festgestellt, dass Umgangskontakte das Kindeswohl nicht gefährden, so besteht der nächste Schritt in der konkreten Ausgestaltung (Regelung) der Umgangskontakte. „Konkret" meint hier unter Umständen eine sehr ins Detail gehende inhaltliche Bestimmung von Gegebenheiten und Handlungsanweisungen wie an dem folgenden Beispiel eines richterlichen Beschlusses zum Umgang deutlich wird:

> 1. Der Kindesvater hat das Recht und die Pflicht zum Umgang mit S. jede zweite Woche in der Zeit von Freitag nach der Schule bis Montagmorgen zum Schulbeginn.
> 2. Die Umgangszeiten des Kindesvaters in den Sommer- und den Herbstferien beginnen – unabhängig von der Tatsache, ob es sich um ein gerades oder ein ungerades Kalenderjahr handelt – am Samstag um 10:00 Uhr und enden am Sonntag um 18:00 Uhr. Die erste Hälfte der Osterferien beginnt sowohl in geraden als auch ungeraden Jahren samstags um 10:00 Uhr und endet sonntags um 18:00 Uhr. Die zweite Ferienhälfte beginnt sonntags um 18:00 Uhr und endet sonntags um 18.00 Uhr.
> 3. Der Kindesvater ist berechtigt und verpflichtet, in allen ungeraden Kalenderjahren den gemeinsamen Sohn S. jeweils vom 24.12. um 10:00 Uhr bis zum 25.12. 16:00 Uhr zu sich zu nehmen. Der Kindesvater ist berechtigt und verpflichtet, in den ungeraden Kalenderjahren in den Weihnachtsferien mit dem gemeinsamen Sohn S. jeweils in der letzten Woche der Weihnachtsferien jeweils beginnend am Freitag um 12:00 Uhr bis zum Sonntag der darauffolgenden Woche um 18:00 Uhr den Umgang auszuüben. Der Kindesvater ist berechtigt und verpflichtet, in allen geraden Kalenderjahren S. jeweils am 25.12. um 16:00 Uhr abzuholen und den Umgang. auszuüben bis zum Freitag um 12:00 Uhr vor Beginn der letzten Ferienwoche.
> 4. Der Kindesmutter wird aufgegeben, bei jeder Ausübung des Umgangsrechts den Reisepass des gemeinsamen Sohnes S. an den Kindesvater herauszugeben und der Kindesvater ist verpflichtet, bei jeder Beendigung des Umgangs den. Reisepass von S. wieder der Kindesmutter herauszugeben.
> 5. Die Beteiligten werden. darauf hingewiesen, dass für jeden Fall der Zuwiderhandlung gegen die sich aus diesem Beschluss ergebende Verpflichtung das Gericht gegenüber dem Verpflichteten ein Ordnungsgeld bis zu 25.000 € und für den Fall, dass dieses nicht beigetrieben werden kann, Ordnungshaft bis zu sechs Monaten angeordnet werden kann.[2]

---

[2] Quelle: Autor.

Solche bis ins Detail gehenden Anordnungen spiegeln die wechselhafte „Geschichte" der streitenden Eltern wider; sie sind ein Zeugnis der Unfähigkeit, auch nur einfache Absprachen in Bezug auf alltägliche Erfordernisse zu treffen und einzuhalten (im vorliegenden Fall ist dies bereits die fünfte, per gerichtlichem Beschluss erfolgte und immer wieder abgeänderte Regelung). Zu Konflikten kommt es auch immer wieder hinsichtlich der Aufteilung der Besuchszeiten an den sogenannten Hohen Feiertagen (Weihnachten, Ostern, Pfingsten), da die Tage dort unterschiedlich gewichtet werden (z. B. der 24.12.). Üblich ist deshalb ein Wechsel der ersten und zweiten Hälfte im Jahresturnus. Die Regelung bezüglich des Reisepasses war hier erforderlich, um es dem Vater zu ermöglichen, zusammen mit dem Kind eine Urlaubsreise anzutreten. Und schließlich mag hier die Höhe des angedrohten Ordnungsgeldes und der ersatzweisen Haft überraschen. Zu deren Anwendung kommt es selten, da der Nachweis eines persönlichen Verschuldens von Zuwiderhandlungen schwierig ist, indem diese in der Regel zulasten des Kindes reklamiert werden (z. B. „Das Kind hat sich geweigert, zum Papa zu gehen").

Die mit obigem Beschluss aufgeführte Regelung, wonach Besuchskontakte den Zeitraum Freitag nach der Schule bis Montag vor der Schule umfassen, wird häufig in solchen Fällen getroffen, in denen ein persönlicher Kontakt zwischen den hochgradig zerstrittenen Eltern in den Abhol- und Bringsituationen zu vermeiden ist.

Die gerichtliche Festlegung des jeweiligen Umgangsmodells und dessen konkrete Umsetzung orientieren sich am Wohl des Kindes und anschließend auch an spezifischen Elterninteressen, soweit diese mit dem Kindeswohl vereinbar sind (z. B. berufliche Verpflichtungen des umgangsberechtigten Elternteils, wenn diese selbst nicht angepasst werden können). Mit der rechtlich vorgegebenen Verpflichtung zum Umgang (§ 1684 Abs. 1 Satz 2) wird die Schwelle zur Geltung persönlicher Interessen der Eltern eher hoch angesetzt. Ein gesetzlich festgelegtes Schema für die Häufigkeit und für den zeitlichen Rahmen der Umgänge gibt es nicht. Auch hier ist der individuelle Fall maßgeblich, wobei einerseits elterliche „Tugenden" wie die Bereitschaft und Befähigung zur Kooperation und andererseits die Bedürfnisse des

Kindes einschließlich der Beachtlichkeit des Kindeswillens zu berücksichtigen sind.
Im Einzelnen kommt es zu den folgenden Besuchsregelungen:

- *Wochenendregelungen* werden standardmäßig getroffen, wenn für das Kind beim Umgangs-Elternteil keine Gefährdung besteht oder zu erwarten ist. Der zeitliche Rahmen kann dem Alter des Kindes angepasst werden. Braucht das Kind eine Eingewöhnungszeit – etwa, wenn Umgangskontakte längere Zeit nicht stattgefunden haben –, so wird man zunächst den Umgang nur für Stunden oder für einen Tag ansetzten und diesen allmählich ausdehnen (einschließlich Übernachtungen). Das Wochenende kann bereits freitags am Nachmittag beginnen. Besucht das Kind den Kindergarten oder die Schule, so hat sich die Regelung bewährt, wonach es freitags von dort abgeholt wird und montags direkt dorthin gebracht wird. Das hat bei einem gespannten Verhältnis zwischen den Eltern den Vorteil, dass diese sich nicht begegnen müssen. Wochenendregelungen erfolgen alle 14 Tage, damit kein Elternteil benachteiligt wird. Bei gut funktionierenden Umgangskontakten und befriedigenden Umgangserfahrungen des Kindes kann ein zusätzlicher Besuchstag angesetzt werden. Häufig wird der Mittwoch derjenigen Woche gewählt, welche auf das Wochenende beim betreuenden Elternteil folgt (das Kind hat den umgangsberechtigten Elternteil dann 8 bis 9 Tage nicht gesehen), oder alternativ der Donnerstag in der Woche, welche dem Besuchswochenende beim Umgangs-Elternteil folgt (8 Tage bis zum nächsten Besuchswochenende). Zusätzlich – oder alternativ – kann auch ein Telefonat (eventuell per Skype o. ä.) stattfinden. Die Regelung kann flexibel an Arbeitszeiten der Eltern angepasst werden, z. B. wenn ein Elternteil im Schichtdienst arbeitet. Nach Möglichkeit wird dann ein längerfristig angelegter Besuchsplan (Jahresplan) erstellt. Fallen Umgangstage aus und liegt dafür kein Verschulden eines Elternteils vor (z. B. Erkrankung des Kindes, Geburtstage), so können diese nachgeholt werden.
- *Ferien- und Urlaubsregelung*. Die Ferien- und Urlaubszeiten werden in der Regel hälftig zwischen den Eltern aufgeteilt. Sie tragen in besonderem Maße zur Förderung der Beziehung zwischen Kind und

Umgangselternteil bei, da das Kind hier auch Alltagserfahrungen machen kann. Funktionierende Ferienregelungen tragen zur Entspannung der familiären Situation bei. Auch für die Aufteilung der Ferien (erste, zweite Hälfte) bedarf es einer gerichtlichen Entscheidung, ebenso Tag und Uhrzeit von Beginn und Ende. Die Dauer „an einem Stück" ist dann zu begrenzen, wenn das Kind aufgrund seines Alters noch nicht genügend an einen längeren Aufenthalt außerhalb seines Lebensmittelpunktes gewöhnt ist, wenn das Kind noch stärker unter Trennungsängsten leidet, oder wenn andere Gründe dagegensprechen (u. a. auch der Kindeswille) In solchen Fällen kann die gemeinsame Ferienzeit gekürzt oder auf unterschiedliche Wochen verteilt werden.
- *Umgangspflegschaft* (nach § 1684 Abs. 3 BGB). Ein Umgangspfleger ist eine neutrale Person, welche dafür sorgt, dass die Umgänge auch tatsächlich unter konfliktfreien Bedingungen eingeleitet und beendet werden. Das bezieht sich hier vor allem auf die Übergabesituationen. Der Umgangspfleger stellt sozusagen einen Puffer dar zwischen streitenden Eltern, bei denen es sonst immer wieder zu Auseinandersetzungen mit negativen Auswirkungen auf das Wohl des Kindes kommen würde. Der Umgangspfleger kann auch die Herausgabe des Kindes verlangen und sogar den Aufenthaltsort des Kindes während der Dauer des Umgangs bestimmen. Verweigert das Kind den Umgang, so kann es nicht ohne Weiteres zum Umgang gezwungen werden; hier kommt es wiederum darauf an, inwieweit der Kindeswille zu beachten ist. Umgangspflegschaften werden vom Gericht angeordnet und entsprechend den Umgangsterminen und Umgangszeiten festgelegt. Da die Umgänge in der Regel an einem Wochenende stattfinden, ergibt sich manchmal das Problem, eine geeignete Person für die Pflegschaft zu finden, welche bereit ist, am Wochenende tätig zu werden. Der Umgangspfleger begleitet allerdings nicht die Umgänge, er kontrolliert eher die Rahmenbedingungen für deren Umsetzung. Die Umgangspflegschaft ist grundsätzlich befristet. Ihre Einrichtung entspricht der Forderung, bei Streitigkeiten zur konkreten Umsetzung der Umgangskontakte zunächst das *mildere* Mittel einzusetzen, bevor strengere gerichtliche Auflagen erfolgen oder Ordnungsmittel eingesetzt werden, bis hin zu

einem Umgangsausschluss. Eine Verschärfung des Eingriffs in Elternrechte – hier als Alternative zu einer Umgangspflegschaft – stellt die Bestellung eines *Ergänzungspflegers* dar (§ 1909 BGB), welcher dazu bestimmt werden kann, Teile des Sorgerechts – zum Beispiel das Aufenthaltsbestimmungsrecht – auszuüben. Ein solche Maßnahme wird man erst anordnen, wenn andere Mittel zur gütlichen Streitbeilegung zwischen den Eltern fehl gehen, zum Beispiel im Falle einer hartnäckigen Umgangsvereitelung durch den betreuenden Elternteil.

- *Begleiteter Umgang.* Der begleitete Umgang – zuweilen auch „Umgang in einem beschützten Rahmen" genannt – stellt eine Maßnahme dar, welche deutlich stärker in Elternrechte eingreift als eine Umgangspflegschaft, da hierbei ein zur Neutralität verpflichteter, „mitwirkungsbereiter Dritter" (§ 1684 Abs. 4 Satz 3 BGB) während der Dauer des einzelnen Umgangs anwesend ist. Viele Umgangs-Elternteile sehen sich durch die Anwesenheit eines Umgangsbegleiters als belastet (besonders anfänglich) und in ihrer freien Ausübung des Umgangs eingeschränkt. Der begleitete Umgang wird nach Umfang und Örtlichkeit vom Familiengericht angeordnet und in der Regel in Kooperation mit dem Jugendamt, einem Verein oder einem privaten Träger (Kinderschutzbund, Caritas, pädagogische Einrichtung) ausgeführt. Balloff weist darauf hin, dass das Jugendamt verpflichtet ist, dem Kind die Möglichkeit eines begleiteten Umgangs anzubieten, dazu vom Familiengericht jedoch nicht verpflichtet werden kann und somit auch das Recht habe, „einem Beschluss des Familiengerichts aus fachlichen Gründen nicht Folge zu leisten." [1] In der Praxis wird ein solcher Fall jedoch eher selten sein, da grundsätzlich eine Kooperation zwischen Gericht und Jugendamt aus Gründen des Kindeswohls anerkannt und erforderlich ist. Für die Anordnung eines begleiteten Umgangs bedarf es Gründe, welche über bloße Streitigkeiten der Eltern hinausgehen und die somit auf eine massive Gefährdungslage für das Kind hinweisen: Verdacht auf sexuellen Missbrauch, pädophile Neigungen, psychische Erkrankungen und Substanzmissbrauch, massive Beeinflussung, Traumatisierung des Kindes, auch bei miterlebter häuslicher Gewalt, Entführungsgefahr usw. Eine Umgangsbegleitung kommt vor allem auch dann infrage, wenn das Kind den betreffenden Elternteil längere Zeit nicht gesehen hat und bereits eine Entfremdung eingetreten ist (z. B. infolge von Haft oder längerem Auslandsaufenthalt). In solchen Fällen entspricht die Maßnahme einer Intervention, um für das Kind befriedigende Umgangskontakte wiederanzubahnen [11, S. 268]. Der begleitete Umgang ist befristet und im Umfang festgelegt; üblich ist eine Dauer von mindestens drei Monaten bei wöchentlich ein bis zwei Stunden, die Maßnahme kann jedoch verlängert werden. Der begleitete Umgang ist eine Leistung der Kinder- und Jugendhilfe, entsprechend den Vorschriften des Sozialgesetzbuches (insbes. § 18 Abs. 3 SGB 8), auf der Grundlage des § 1684 Abs. 4 BGB. Bevor es zu einer ersten Begleitung des Umgangs kommt, wird das Jugendamt mit den Eltern (zusammen oder einzeln) Vorgespräche führen, die näheren Modalitäten des Umgangs festlegen und die Kooperation beider Eltern einfordern. Der begleitete Umgang kann durch zusätzliche Maßnahmen wie etwa die Bestellung eines Umgangspflegers abgesichert werden, wenn aufgrund eines eskalierenden Elternstreits der Umgang selbst gefährdet ist.

6.6 Was ist erlaubt – was nicht?

Im Rahmen von Umgangskontakten kommt es immer wieder zu Missverständnissen, wenn ein Elternteil bestimmte Maßnahmen oder Handlungen für sich reklamiert, welche vom anderen als nicht kindeswohldienlich oder als Verletzung eigenen elterlichen Rechts empfunden werden. Die gesetzlichen Regelungen sind da auch nicht besonders hilfreich, indem sie über pauschale Bestimmungen elterlichen Handelns nicht hinausgehen (können). Zu nennen ist hier die sogenannte *Wohlverhaltensklausel* des § 1684 Absatz 2 Satz1: *Die Eltern haben alles zu unterlassen, was das Verhältnis des Kindes zum jeweils anderen Elternteil beeinträchtigt oder die Erziehung erschwert.* Hier wird zum einen das Verhältnis des Kindes zu seinen Eltern angesprochen. Zum anderen darf ein Elternteil die Erziehung nicht erschweren. Was damit genauer gemeint ist, bleibt unausgesprochen, so auch, ob bei Umgangskontakten überhaupt „Erziehung" von beiden Eltern zu gleichen

Teilen ausgeübt wird.[3] Bei einer näheren Betrachtung dessen, was bei Umgängen erlaubt ist und was nicht (seitens beider Elternteile) ist man somit auf die laufende Rechtsprechung angewiesen, welche in einer Art ständigem Fluss immer wieder neue Sachverhalte zutage fördert, und es beispielsweise eines Beschusses in zweiter Instanz (OLG München 1998) bedurfte, um klarzustellen, dass die Mitnahme des Kindes auf dem Rücksitz eines Motorrads zu untersagen ist, wenn dies der betreuende Elternteil verbietet.[4]

Das bisher besprochene *Residenzmodell* als Regelmodell umgangsrechtlicher Maßnahmen (das Kind hat nur bei einem Elternteil seinen Lebensmittelpunkt) führt im Fall von Umgängen mit dem nicht-betreuenden Elternteil zu einer Reihe von Privilegien für den betreuenden Elterteil und damit zu einem Ungleichgewicht in der erzieherischen Ausgestaltung des Sorgerechts auch bei gemeinsamer elterlicher Sorge. Insbesondere wenn es sich um sogenannte *Alltagsentscheidungen* handelt, kann der Elternteil, bei welchem das Kind lebt, in vielen Angelegenheiten allein entscheiden, was zugleich impliziert, dass der nicht-residente Elternteil kein Mitspracherecht hat. Entsprechend § 1687 Abs. 1 Satz 2 BGB sind „Angelegenheiten des täglichen Lebens in der Regel solche, die häufig vorkommen und die keine schwer abzuändernden Auswirkungen auf die Entwicklung des Kindes haben." Das betrifft zum Beispiel außerschulische Aktivitäten (Sport, Musik), Abholen von der Schule, Arztbesuche und Medikamentengebrauch, kirchliche Angelegenheiten (Gottesdienst, Konfirmandenunterricht), Vereinsmitgliedschaft, schulische Belange wie Klassenfahrten, Nachhilfeunterricht.

Der umgangsberechtigte Elternteil wiederum kann in allen solchen Angelegenheiten „der tatsächlichen Betreuung", die während der Zeit des Umgangs anfallen und nicht der Einwilligung des betreuenden

---

[3] Balloff hat darauf hingewiesen, dass „nach überwiegender juristischer Auffassung der umgangsberechtigte Elternteil kein Erziehungsrecht" hat, was allerdings „schon lange nicht mehr den realen Gegebenheiten einer umfangreichen Umgangsregelung an Wochenenden oder in den Ferien" entspreche [1, S. 201/202].

[4] [11] Zahlreiche weitere Entscheidungen dort.

Elternteils bedürfen, frei entscheiden. Den Umgang kann er frei gestalten und zum Beispiel den Tagesablauf festlegen, Spielplatzbesuche und Freizeitangebote nutzen, die Großeltern oder Freunde besuchen, Schlafenszeiten bestimmen und – was häufig zu Konflikten führt – auch Urlaubsreisen mit dem Kind selbst bestimmen, wenn eine Gefährdung ausgeschlossen werden kann. Der betreuende Elternteil ist dann verpflichtet, den Reisepass des Kindes herauszugeben. Über längere Urlaubsreisen (z. B. die Hälfte der Schulferien) sollte der betreuende Elternteil informiert werden. Häufig verlangt der residente Elternteil, dass das Kind während der Besuche telefonisch erreichbar sein müsse und auch selbst „zuhause" anrufen könne. Dem muss nicht entsprochen werden, der umgangsberechtigte Elternteil kann vom Kind verlangen, dass ihm dessen Handy ausgehändigt wird. Konfliktanfällig sind auch Geschenke, vor allem dann, wenn der finanziell besser gestellte Vater des Kindes (in Vollzeitarbeit) bei der Mutter (Teilzeitarbeit) in Verdacht gerät, teure Geschenke dazu zu benutzen, um das Kind auf seine Seite zu ziehen und um damit doch noch eine Änderung des Aufenthaltsbestimmungsrechts zu seinen Gunsten herbeizuführen. Für solche Geschenke wie Spielekonsolen, Handys oder gar Haustiere muss zuvor die Einwilligung des betreuenden Elternteils eingeholt werden. Andererseits darf der Umgangs-Elternteil das Kind während seines Aufenthaltes bei ihm verwöhnen, wenn dies nicht wesentlich in das Erziehungsrecht des betreuenden Elternteils eingreift.

Sind die getrenntlebenden Eltern beide Inhaber des Sorgerechts, so gilt auch für den Umgang, dass „bei Entscheidungen in Angelegenheiten, deren Regelung für das Kind von erheblicher Bedeutung ist, ihr gegenseitiges Einvernehmen erforderlich" ist (§ 1687 Abs. 1 Satz 1 BGB). Im Zusammenhang mit dem Umgangsrecht ist davon die Entscheidung betroffen, ob und wenn ja, welche weiteren Bezugspersonen das Kind während der Umgangszeiten betreuen dürfen, ob es bei diesen übernachten darf usw. (Nicht selten findet sich der Vorwurf, der umgangsberechtigte Elternteil würde das Kind bei den Großeltern „nur parken", um dann seinen eigenen Interessen nachgehen zu können). Salzgeber zitiert als ein weiteres Beispiel für eine Entscheidung von erheblicher Bedeutung die Mitnahme des Kindes auf Demonstrationen.[5] Soweit es dabei um politische Forderungen geht (das dürfte in der Regel der Fall sein), fällt eine Teilnahme an Demonstrationen unmittelbar in die erzieherische Zuständigkeit des betreuenden Elternteils.

> Umgangsregelungen nach dem Residenzmodell unterscheiden sich in ihrer konkreten Umsetzung danach, ob es sich um Angelegenheiten von erheblicher Bedeutung, Angelegenheiten des täglichen Lebens, oder Angelegenheiten der tatsächlichen Betreuung handelt. Im Einzelfall ist es oftmals schwierig, hier eine eindeutige Zuordnung zu treffen. Überlegen Sie deshalb, was für Ihr Kind und für Sie im Rahmen einer Wochenend- und Ferienregelung wichtig ist (hilfreich ist eine Liste) und zögern Sie nicht, das in der Verhandlung zur Sprache zu bringen, damit Ihre Wünsche eventuell im Beschluss aufgeführt werden. In bestimmten Fällen ist es auch möglich, zunächst eine Probezeit zu vereinbaren (eventuell per Einstweiliger Anordnung). Sie sammeln so Erfahrungen, welche wiederum in eine endgültige Entscheidung des Gerichts miteinfließen können.

6.7 Was versteht man unter einem Wechselmodell?

Unter einem Wechselmodell wird häufig verstanden, dass sich die Eltern die Betreuungszeit im Verhältnis 50:50 (Prozent) aufteilen. Es handelt sich dann um das *paritätische Wechselmodell*.

In Verfahren zum Umgangsrecht wird meist dieses Modell zugrunde gelegt. Aus psychologischer Sicht ist es jedoch nur ein Wechselmodell unter vielen, da nach übereinstimmender Auffassung vieler Fachleute bereits Betreuungsverhältnisse ab 30:70 (35:65, 40:60 usw.) als Wechselmodell bezeichnet werden. Die Festlegungen erfolgen durchaus uneinheitlich, je nach den besonderen Erfordernissen des Kindeswohls und den „Randbedingungen" für den Umgang (z. B. geographische Entfernung zwischen den beiden Wohnorten, Alter des Kindes). So kann das Wechselmodell eine Aufteilung der Wochentage nach 3:4 oder des Monats nach Hälften (eventuell alternierend), einen Wechsel alle

---

[5] [11] S. 193.

drei Wochen, oder längere Zeitabschnitte bis zu einem halben Jahr und mehr, im Wechsel, vorsehen. Eine Besonderheit stellt jenes Modell dar, in welchem die Eltern „wechseln" und das Kind seinen festen Wohnplatz behält; es wird jedoch äußerst selten praktiziert und soll hier nich weiter behandelt werden.

6.8 Was spricht für ein Wechselmodell – was dagegen?

Allen Wechselmodellen gemeinsam ist, dass beide Eltern sorgeberechtigt sind. Allerdings gibt es Konstellationen, bei denen ein Teil des Sorgerechts – das Recht, den Aufenthaltsort des Kindes zu bestimmen – bei einem Elternteil allein liegt und dennoch ein paritätisches Wechselmodell angeordnet oder beibehalten wird. Dass hier kein Widerspruch vorliegen muss, wird in dem folgenden Beschluss des OLG Frankfurt am Main vom 9.2.2021 deutlich:

> Die verheirateten Eltern (gemeinsames Sorgerecht) trennten sich, als das Kind 2 Jahre alt war. Die Mutter wendete sich einem neuen Mann zu und verzog nach Nordostdeutschland, der Vater blieb weiter in Südhessen wohnen. Die Mutter wollte das Kind zu sich nehmen, der Vater lehnte das ab, weil er befürchtete, dass seine Beziehung zum Kind beeinträchtigt werden könnte. Das Amtsgericht/Familiengericht in L. übertrug auf dem Wege der einstweiligen Anordnung das Aufenthaltsbestimmungsrecht und das Recht zur Regelung des Kindergartenbesuchs vorläufig auf den Vater. Die Mutter legte dagegen Beschwerde ein, beide Eltern beantragten jetzt das alleinige Aufenthaltsbestimmungsrecht. Es wurde ein kinder- und familienpsychologisches Sachverständigengutachten eingeholt. Während der Begutachtungszeit hatten die Eltern mit Eintritt der Corona-Pandemie eine paritätisches Wechselmodell praktiziert, in zweiwöchigem Rhythmus. Das Kind war an beiden Wohnorten im Kindergarten angemeldet und nimmt dort auch Teil, wenn geöffnet. Der Vater möchte nun, dass dieses Wechselmodell weiterbestehen soll, die Mutter ist dagegen und möchte, dass der Lebensmittelpunkt des Kindes künftig bei ihr ist, da das Wechselmodell nicht dem Wohl des Kindes diene (Überforderung durch Besuch zweier Kindergärten). Das Amtsgericht hatte die Übertragung des Aufenthaltsbestimmungsrechts auf den Vater u. a. damit begründet, dass ja ein paritätisches Wechselmodell hinsichtlich der

> Betreuung zwischen den Eltern gelebt werde. Das OLG hat – unter Hinweis auf den Inhalt des Sachverständigengutachtens – den Beschluss des Amtsgerichts bestätigt. Der Vater des Kindes habe zu Recht das alleinige Aufenthaltsbestimmungsrecht zu dem Zweck erhalten, dass hinsichtlich der Betreuung des Kindes durch beide Elternteile ein Wechselmodell beibehalten wird. Die Sachverständige hatte dem Kind bescheinigt, dass es an beiden Orten gut angepasst ist. Das Kind sei auch nach Auskunft der Betreuerinnen in den beiden Kindertagesstätten dort gut integriert. Zudem würden die Eltern durch ihre Kommunikation und Kooperation hinreichend gut dazu beitragen, dass das Kind die Situation insgesamt gut bewältigen könne. Das Wechselmodell könne weiterhin bestehen, bis die Einschulung des Kindes anstehe und es erst dann erforderlich werde, das Aufenthaltsbestimmungsrecht einem Elternteil allein zuzuerkennen, damit das Kind dann bei diesem zur Schule gehe [9].

Der Beschluss ist insofern bedeutsam, als er festlegt, dass in Ausnahmefällen, wenn die Eltern gut kooperieren und kommunizieren, auch bei einer relativ großen Entfernung zwischen den beiden Wohnorten ein Wechselmodell angemessen sein kann, wenn das Kind imstande ist, sich dem gut anzupassen. Eine Ausnahme ist hier auch darin zu sehen, dass in der Regel Entscheidungen zum Wechselmodell dem Umgangsrecht zuzurechnen sind und nicht dem Sorgerecht (hier ging es ja zunächst um das Aufenthaltsbestimmungsrecht als Teil des Sorgerechts).

Das paritätische Wechselmodell wurde erstmalig höchstrichterlich mit einem Beschluss des Bundesgerichtshofes am 01.02.2017 auch in der Familienrechtssprechung „salonfähig" gemacht, indem festgestellt wurde, dass eine gleichmäßige Betreuung des Kindes durch beide Eltern vom Gesetz nicht ausgeschlossen wird. Auch wenn ein Elternteil dieses ablehnt, wird damit eine solche Regelung grundsätzlich noch nicht verhindert. Entscheidend ist im konkreten Einzelfall immer das Kindeswohl. Allerdings hat das Gericht auch deutlich gemacht, dass das paritätische Wechselmodell „eine bestehende Kommunikations- und Kooperationsfähigkeit der Eltern" voraussetzt und es nicht umgekehrt dazu eingeführt werden kann, um eine solche erst zu erreichen. Sind die Eltern sehr zerstritten, so entspricht das paritätische Wechselmodell nicht den wohlverstandenen Interessen des Kindes [2].

Der oben zitierte Beschluss des OLG Frankfurt am Main hat auch insofern Ausnahmecharakter, als hier eine relativ große Entfernung zwischen den Wohnorten der Eltern kein Hinderungsgrund für das paritätische Wechselmodell ist, wenn die Rahmenbedingungen günstig sind und die Eltern bereit sind, mit dem erst dreijährigen Kind längere Fahrzeiten mit dem PKW oder per Bahn in Kauf zu nehmen. (Bei älteren, weitgehend selbständigen Kindern, gibt es die Möglichkeit einer Bahnbegleitung).

Befürworter des Wechselmodells betonen vor allem den Gerechtigkeitsaspekt einer Gleichverteilung der Betreuungszeiten und, damit zusammenhängend, ein relatives Maximum an Beziehungspflege mit dem bereits durch die Trennung belasteten Kind. Zudem wurde und wird das Wechselmodell häufiger von Vätern angestrebt, da es in der Mehrzahl der Fälle immer noch die Mutter ist, bei welcher das Kind nach Trennung und Scheidung verbleibt. Soweit von einem Elternteil hier ein „Recht auf das Kind" reklamiert wird, kann das kaum im wohlverstandenen Interesse des Kindes sein. Hier gilt, was in einem Beschluss des Kammergerichts Berlin vom 03.09.2017 zum Ausdruck kommt, nämlich „dass Kinder nicht dafür verantwortlich seien, ihre Eltern glücklich zu machen sondern es umgekehrt Aufgabe der Eltern sei, dafür zu sorgen, dass ihre Kinder glücklich sind" [6].

Versucht man, hinsichtlich eines *pro* und *contra* Wechselmodell Bilanz zu ziehen, so entsteht als erstes der Eindruck, dass die praktische Relevanz der Diskussion um das Wechselmodell (hier, wenn nicht anders angegeben ist das paritätische Wechselmodell gemeint) maßlos überschätzt wird, da nach wie vor die Regelentscheidung zum Umgangsrecht auf dem Residenzmodell fußt [4]. Schätzungen des Anteils der Familien mit Wechselmodell an allen getrenntlebenden Familien belaufen sich zwischen 3,5 und 5 % [13]. Der Anteil, der dabei auf Gerichtsentscheidungen zurückzuführen ist, dürfte noch geringer sein.

Als häufige Argumente lassen sich die folgenden anführen:

Für das Wechselmodell bzw. für Wechselmodelle kann sprechen:

✓ der zeitliche Umfang von Umgangskontakten;

✓ die Beziehungspflege zum Kind wird eventuell erleichtert und intensiviert;

✓ das Gefühl der Eltern, in Bezug auf den Umgang und die elterliche Verantwortung gleichwertig zu sein, was sich wiederum positiv auf die Beziehung zum Kind auswirken kann;

✓ dem Gerechtigkeitsempfinden und dem Gefühl für Fairness aufseiten des Kindes werden eher entsprochen. Da kein Elternteil bevorzugt wird, braucht das Kind keine Schuldgefühle zu haben;

✓ das Kind kann von unterschiedlichen Lebenswelten profitieren;

✓ dem Wunsch des Kindes, nach Trennung seiner Eltern eine enge Beziehung zu beiden weiter aufrecht zu erhalten, wird so am ehesten entsprochen;

✓ bei einer hochkonflikthaften Beziehung der Eltern kann die Trennung erleichtert werden, wenn mit einem Wechselmodell das Kind nicht „als verloren" gesehen wird, die Reduzierung von Spannungen entlastet wiederum das Kind;

✓ das Wechselmodell kann es Eltern ermöglichen, einkommensmäßig gleichwertige berufliche Tätigkeiten auszuüben.

Dagegen kann sprechen:

- entscheidend für den Beziehungsaufbau ist nicht der zeitliche Umfang von Umgangskontakten, sondern deren Qualität (feinfühlige, liebevolle Zuwendung, ungeteilte Aufmerksamkeit, „Freude am Kind");
- bei Kindern bis 3 Jahren drohen Bindungs[*attachment*]störungen;
- das Kind hat „zwei Zuhause" und wird zu erhöhten Anpassungsleistungen gezwungen, mit der Gefahr einer Entwicklung von Verhaltensstörungen;
- unrealistische Vorstellungen des Kindes aufgrund fehlender Erfahrung und unangemessenes Gerechtigkeitsempfinden und Fairnessbedürfnis (der „wahre" Wille wird unterdrückt);

- mit zunehmendem Alter des Kindes wird eine Wechselmodell abgelehnt, besonders Jugendliche wollen den Kontakt zur Gruppe der Gleichaltrigen halten;
- Entfernungen zwischen den Wohnorten, die mehr als 30 min Fahrzeit erfordern (besonders wichtig ab Einschulung, da das Kind nicht zwei Schulen besuchen kann);
- anhaltende Konflikte zwischen den Eltern, welche eher zunehmen;
- erhöhtes organisatorisches Aufkommen bei zwei Haushalten;
- negative Auswirkungen auf Kindergeld und Sozialleistungen, da diese in Verbindung mit einem Betreuungsschwerpunkt bei einem Elternteil stehen.

> Wird von Ihnen oder einem anderen Beteiligten ein Wechselmodell erwogen, prüfen Sie sorgfältig, ob eine solche Regelung für Sie infrage kommt. Ein Wechselmodell kann (!) funktionieren, wenn die örtlichen Gegebenheiten günstig sind (Entfernung zwischen Wohnorten), wenn Ihr Kind es sich wünscht und dabei weder beeinflusst ist noch unangemessene Fairnessvorstellungen hat – und wenn Sie und der andere Elternteil Konflikte und negative Gefühle weitestgehend „bewältigt" haben. Bedenken Sie auch, dass es oft schwierig ist, ein einmal praktiziertes Wechselmodell (wenn es gerichtlich beschlossen wurde) wieder abzuändern. Prüfen Sie sorgfältig, ob veränderte Einkommensverhältnisse (Kindergeld, Sozialleistungen, Unterhaltszahlungen) sich negativ auf das Wohl Ihres Kindes auswirken können oder werden.

6.9 Das Sachverständigen-Gutachten im Umgangsverfahren

Auch Gutachten im Bereich umgangsrechtlicher Verfahren unterliegen den allgemeinen Kriterien für eine fachkundige Begutachtung. Entscheidungen zum Umgangsrecht stehen in der Regel erst dann an, wenn über das Sorgerecht bereits entschieden ist, oder aufgrund eines bestehenden Einvernehmens zwischen den Eltern nicht erforderlich sind. Für Umgangsverfahren (ausgenommen Verfahren zum Wechselmodell) ist es unerheblich, ob ein gemeinsames Sorgerecht besteht, oder ob nur ein Elternteil sorgeberechtigt ist. Der Konfliktfall tritt hier ein, wenn die Eltern sich nicht auf bestimmte Modalitäten für den Umgang des Kindes mit dem nicht-residenten Elternteil einigen können oder wenn aus anderen Gründen das Wohl des Kindes gefährdet ist und eventuell ein Elternteil vom Umgang ausgeschlossen werden muss (z. B. Alkoholerkrankung, Drogenabhängigkeit, sexueller Missbrauch, Gewalttätigkeit).

Für die im Rahmen einer Begutachtung zu beantwortenden Fragen ist das folgende Beispiel typisch.

> Der Vater des Kindes R. (11) hatte bereits ein relativ großzügig bemessenes Umgangsrecht. Die Mutter möchte, dass der Umgang für mindestens ein Jahr ausgesetzt wird, u. a. mit der Begründung, dass das Kind den Vater schon immer nicht habe besuchen wollen und sich aktuell gänzlich weigere. Bei der richterlichen Anhörung erklärt R., den Vater jetzt nicht besuchen zu wollen.
> Der Beschluss des Familiengerichts zur Gutachtenerstellung lautet:
> *Es soll Beweis erhoben werden über die Frage, ob das Umgangsrecht des Kindes R., geb. am ...., mit seinem Vater, Herrn .... in Abänderung der bestehenden Umgangsregelung einzuschränken oder auszuschließen ist. Der Gutachter wird beauftragt, insbesondere zu folgenden Fragen Stellung zu nehmen:*
> 1. *Besteht aus Kindeswohlgesichtspunkten Anlass, das bestehende Umgangsrecht des Kindes mit seinem Vater einzuschränken oder auszuschließen? Falls ja, in welchem Umfang?*
> 2. *Wenn nein, welche Maßnahmen wären sinnvoll, um die Umgänge zwischen Vater und Sohn wieder stabil aufzunehmen?*
> 3. *Welche Bindungen hat das Kind zu seinem Vater?*
> 4. *Sind die Elternteile jeweils bindungstolerant?*
> 5. *Worauf beruht der geäußerte Kindeswille?*[6]

Das Gericht hat hier mit dem Bezug auf *Bindungen, Bindungstoleranz* und *Kindeswille* die für Entscheidungen zum Umgangsrecht wesentlichen Kriterien aufgeführt. Die Begutachtung erbrachte Hinweise darauf, dass R. sich zwar in seiner Beziehung zum Vater „zu wenig gesehen" fühlt (es gab noch zwei andere, bedeutend jüngere Kinder

---

[6] Quelle: Autor.

aus der Beziehung des Vaters zur Lebensgefährtin), ansonsten aber durchaus einige materielle Dinge zu schätzen weiß (z. B. gemeinsame Urlaube). Der Vater stellte die Beziehung des Kindes zur Mutter und den Lebensmittelpunkt des Kindes bei dieser nicht infrage. Bei der Mutter konnte ein Mangel an Bindungstoleranz und ein Einwirken auf die Willensbildung des Kindes nicht gänzlich ausgeschlossen werden. Für das Kind entsprach zudem die Ablehnung von Umgangskontakten (zum aktuellen Zeitpunkt und „bis auf weiteres") einem Versuch, den Konflikt der Eltern durch Parteinahme für die Mutter zu beenden und damit auch für sich selbst Entspannung herzustellen. Dieser „Lösungsversuch" des Kindes kann jedoch unter Kindeswohlgesichtspunkten nicht gutgeheißen werden. Vom Sachverständigen wurde somit empfohlen, die Umgangskontakte nach einer „Ruhezeit" von 6 Wochen (Sommerferien) in reduziertem Umfang wieder aufzunehmen und zur Absicherung der kritischen Übergabesituationen einen Umgangspfleger einzusetzen.

Ausgangspunkt für Begutachtungen zum Umgangsrecht ist die Annahme, dass Umgangskontakte mit beiden Eltern grundsätzlich dem Kindeswohl dienen. Die für das Residenzmodell entscheidende Frage lautet dann, ob von einem Umgang des Kindes mit dem nichtbetreuenden Elternteil eine Gefährdung des Kindes ausgeht. Bei der Begutachtung wird man im Unterschied zu einer Begutachtung zum Sorgerecht den Schwellenwert für einen Umgangsausschluss vielleicht etwas höher ansetzen, da der umgangsberechtigte Elternteil hinsichtlich wichtiger Entscheidungen, die das Kind betreffen, mit weniger Entscheidungskompetenz ausgestattet ist. In jedem Fall ginge es darum, den geäußerten Kindeswillen zu registrieren (falls das Kind diesen bereits äußern kann) und in Bezug auf dessen Beachtlichkeit zu bewerten. Dabei steht besonderes der beeinflusste oder *induzierte Kindeswille* im Fokus der Betrachtung. (Dazu in diesem Buch die Abschn. 4.3 bis 4.5). Er steht in der Regel unmittelbar in Zusammenhang mit einem eklatanten Mangel an *Bindungstoleranz* des residenten Elternteils. Als Indiz für fehlende Bindungstoleranz kommen fehlende Bemühungen des betreuenden Elternteils infrage, das Kind mit geeigneten erzieherischen Methoden zu einem Umgang anzuhalten (so, wie etwa auch einer „Schulunlust" entgegenzutreten wäre).

Bindungsaspekte (hier im Sinne von *attachment*) sind vor allem beim Kind bis zum Alter von 3 bis 4 Jahren relevant. Hier wäre vom Gutachter herauszufinden, ob das Kind in der Lage ist oder war, zu beiden Elternteilen eine Bindung*[attachment]* aufzubauen, wobei es auch auf die Randbedingungen ankommt (Ausmaß der Präsenz der Bezugspersonen, Betreuungsintensität). Ist das der Fall, dienen bei noch nicht abgeschlossener Bindungsgenese längere Unterbrechungen von Umgangskontakten nicht dem Kindeswohl. Die Beachtung des Standes der Beziehungsentwicklung zwischen Kind und umgangsberechtigtem Elternteil – aber auch jene auf der Gegenseite zwischen residentem Elternteil und Kind – entspricht dem Erfordernis, bei der vom Gericht häufig angeordneten Erarbeitung eines *Umgangskonzepts* jene Lösung zu finden, welche den Bedürfnissen des Kindes am besten entspricht und gleichzeitig auf eine ausreichende Akzeptanz bei den Eltern trifft. Im Einzelfall sind somit die dem Alter des Kindes entsprechenden Bedürfnisse des Kindes (z. B. ob das Kind noch gestillt werden muss und Flaschenfütterung noch nicht möglich ist, oder ob es unter starken Trennungsängsten leidet) mit den Betreuungskapazitäten und erzieherischen Vorstellungen und Fähigkeiten in Einklang zu bringen. Ist dies nicht möglich, wird auch der Sachverständige zu der Einsicht gelangen, dass es für die Aussetzung von Umgangskontakten – ohne oder mit Befristung – keine annehmbare Alternative gibt. In solchen Fällen sollte man den Eltern – und dem Kind, falls es alt genug ist – als eine weitere Perspektive die Möglichkeit eröffnen, die bestehenden Hindernisse für eine angemessene Umgangsregelung durch fachlich eingerichtete und begleitete *Interventionsmaßnahmen* (Beratung, Mediation, Einzel-, Paar- oder Familientherapie) abzubauen bzw. zu beseitigen.

Literatur

1. Balloff, R. (2018). *Kinder vor dem Familiengericht* (3. Aufl.). Nomos.
2. BGH. (2017). Az. XII ZB 601/15, v. 01.02.2017. *NJW,* 1815.
3. Dettenborn, H. (2001). *Kindeswohl und Kindeswille* (S. 74/75). Reinhardt.
4. Heilmann, St. (2015). Kindeswohl und Wechselmodell, *NJW,* 3346.

5. Jopt, U., & Rexilius, G. Systemorientierte Begutachtung am Familiengericht – Aufgaben des psychologischen Sachverständigen nach der Kindschaftsrechtsreform. In E. Bergemann, U. Jopt, & G. Rexilius (Hrsg.), *Lösungsorientierte Arbeit im Familienrecht* (S. 177–199). Bundesanzeiger.
6. Kammergericht Berlin. (2018). Az. 18 UF 15/17 v.03.09.2017, *FamRZ*, 1322–1324.
7. OLG Celle. (2021). Az. 1 UF 146/20 v. 24.03.2021. Juris.
8. OLG Frankfurt a. M. (2020). Az. 3 UF156/20 v. 11.11.2020. Juris.
9. OLG Frankfurt a. M. (2021). Az. 6 UF 172/20 v. 09.02.2021. *NJW*, 2442.
10. OLG Hamburg. (2010). Az. 12 UF 163/08 v. 29.09–2010. Juris.
11. Salzgeber, J. (2020). *Familienpsychologische Gutachten. Rechtliche Vorgaben und sachverständiges Vorgehen* (7. Aufl.). Beck.
12. Statistisches Bundesamt. (2020). Fachserie 10 Reihe 2.2 2020.
13. Walper, S. (2016). Arrangements elterlicher Fürsorge nach Trennung und Scheidung: Das Wechselmodell im Licht neuer Daten aus Deutschland. In 21. Deutscher Familiengerichtstag (Hrsg.), *Ansprachen und Referate. Berichte und Ergebnisse der Arbeitskreise* (S. 135). Gieseking.

7
Fremdplatzierung und Rückführung des Kindes

Die Herausnahme eines Kindes aus dem Haushalt der Eltern aus Gründen des Kindeswohls gehört zu den massivsten – und wohl auch schmerzhaftesten – Eingriffen in elterliche Rechte. Etwas mehr als ein Viertel (27 %) der insgesamt 654.431 Kinder, bei denen in 2020 Maßnahmen im Rahmen einer Kinder- und Jugendlichenhilfe ergriffen worden waren, wurden in eine Vollzeitpflege (11,4 %), in ein Heim (14,7 %) oder in eine intensiv-sozialpädagogische Wohnform (0,8 %) aufgenommen.[1] (Die restlichen Prozentzahlen entfallen auf andere Hilfearten). In diesem Kapitel geht es um die Maßnahmen, durch welche das Wohl des Kindes nach dem Entzug des elterlichen Sorgerechts oder Teilbereichen des Sorgerechts wiederhergestellt wird, sowie um die Voraussetzungen für eine Wiedereingliederung des Kindes in den elterlichen Haushalt.

---

[1] Statistisches Bundesamt (Destatis) Fachserie 10 Reihe 2.2, 2020.

7.1 Wann kommt es zu einer Fremdplatzierung – wie kann diese abgewendet werden?

Zu einer Fremdplatzierung des Kindes kommt es, wenn dessen Wohl bei den Eltern oder anderen Erziehungsberechtigten bereits akut gefährdet ist, oder wenn es bei einem weiteren Verbleiben bei den Betreuungspersonen mit hoher Wahrscheinlichkeit zu einer Schädigung kommen wird. In beiden Fällen ist vorher zu prüfen, ob eventuell *mildere* Maßnahmen noch möglich sind und Erfolg versprechen, um die Herausnahme des Kindes noch zu verhindern. Vorbedingung für die Herausnahme des Kindes ist nicht unbedingt der Entzug der elterlichen Sorge; in solchen Fällen jedoch, in denen das Kind massiven negativen Einflüssen ausgesetzt war, ist eine solche sehr wahrscheinlich. Die rechtlichen Voraussetzungen für eine Fremdplatzierung (und für vorbeugende Maßnahmen) sind im § 1666 BGB und in den entsprechenden Paragrafen des SGB 8 festgelegt (gekürzt):

> *Wird das körperliche, geistige oder seelische Wohl des Kindes ...gefährdet und sind die Eltern nicht gewillt oder nicht in der Lage, die Gefahr abzuwenden, dann hat das Familiengericht die Maßnahmen zu treffen, die zur Abwendung der Gefahr erforderlich sind* [§ 1666 Abs. 1 BGB].
> *Das Jugendamt ist berechtigt und verpflichtet, ein Kind oder einen Jugendlichen in seine Obhut zu nehmen, wenn 1. das Kind oder der Jugendliche um Obhut bittet oder 2. eine dringende Gefahr für das Wohl des Kindes oder des Jugendlichen die Inobhutnahme erfordert und a) die Personensorgeberechtigten nicht widersprechen oder b) eine familiengerichtliche Entscheidung nicht rechtzeitig eingeholt werden kann...* [§ 42 Abs. 1 Satz 1 SGB 8].

Bei der Vorschrift nach § 42 SGB 8 handelt es sich um eine „vorauseilende" Maßnahme zur Abwendung einer weiteren Gefährdung des Kindes („gefährdet" kann auch bedeuten, dass eine Schädigung des Kindes bereits eingetreten ist). Die Eltern können sich mit der Herausnahme (Inobhutnahme) einverstanden erklären, sie können dieser aber auch widersprechen. Im letztgenannten Fall kann das Jugendamt – nach erneuter Überprüfung – feststellen, ob die Gefährdungslage nicht mehr besteht, oder ob diese von den Eltern oder dem Personensorgeberechtigten bereits aus eigener Kraft beseitigt wurde. Ist das der Fall, ist das Kind zurückzugeben, falls nicht, muss eine Entscheidung des Familiengerichts über die erforderlichen Maßnahmen zum Wohl des Kindes oder des Jugendlichen herbeigeführt werden.

Die Inobhutnahme des Kindes gehört zu den freiheitsentziehenden Maßnahmen. Diese sind „nur zulässig, wenn und soweit sie erforderlich sind, um eine Gefahr für Leib oder Leben des Kindes oder des Jugendlichen oder eine Gefahr für Leib oder Leben Dritter abzuwenden. Die Freiheitsentziehung ist ohne gerichtliche Entscheidung spätestens mit Ablauf des Tages nach ihrem Beginn zu beenden" (§ 42 SGB 8 Abs. 5). Das Jugendamt muss auch dem Kind oder dem Jugendlichen Sinn und Zweck der Maßnahme erläutern. Für Eltern ist es auch wichtig, zu wissen, dass das Jugendamt Zwangsmittel anwenden kann (Polizei), wenn die Eltern oder das Kind sich der Herausnahme widersetzen. Bei sachkundiger und verständiger Beurteilung wird das Jugendamt hierbei eventuell abwägen müssen, ob es die aktuelle Gefährdungslage rechtfertigt, das Kind einer möglicherweis „dramatischen" und traumatisierenden (gewaltsamen) Herausnahme auszusetzen. Die Verpflichtung zu einem Eingreifen bleibt jedoch in jedem Fall erhalten und bedürfte dann einer eingehenderen Vorbereitung (Aufklärung der Eltern über mögliche Folgen einer Weigerung, behutsames Umgehen mit dem Kind).

Voraussetzung für eine Inobhutnahme und einer eventuell nachfolgenden Fremdunterbringung des Kindes (befristet oder auf Dauer) ist die *akute* oder *latente* Gefährdung des Kindeswohls, konkret: der körperlichen und seelischen Unversehrtheit des Kindes. Je nach Gefährdungseinschätzung sind zu unterscheiden (in Klammern: Zahl der akuten und latenten[2] Fälle aufsummiert über die Gruppen Eltern, Alleinerziehende, Elternteil mit neuem Partner, Großeltern und Verwandte; Zahlen für 2020):

- *Vernachlässigung* (32.718): u. a. mangelnde Fürsorge, „Sich-Selbst-Überlassen";

---

[2] Bei akuten Fällen ist der Nachweis bereits erbracht, bei latenten Fällen besteht ein dringender Verdacht.

- *Körperliche Misshandlung* (15.236): u. a. mangelhafte oder falsche Grundversorgung (Über-/Untergewicht, Hygiene, Sauberkeit, Kleidung, räumliche Enge, Vermüllung usw.), Gewalt, Verletzungen;
- *Psychische Misshandlung* (19.931): u. a. Lieblosigkeit, emotionale Zurückweisung, Herabwürdigung, Beschimpfung, Gleichgültigkeit;
- *Sexuelle Gewalt* (2.852): sexueller Missbrauch durch Eltern, Verwandte (einschl. Geschwister), durch außenstehende Personen (auch mit Duldung seitens der Bezugspersonen und zu kommerziellen Zwecken).[3]

Eine Gefährdungslage wird entweder vom Jugendamt aufgrund eigener Kontrollen in der Familie (häufig ist die betreffende Familie dem Jugendamt schon bekannt) oder aufgrund der Meldung einer anderen Person oder Institution an das Jugendamt (Kindergarten, Schule, Kinderschutzbund) dem Familiengericht angezeigt. Das Gericht prüft nun nach eigenem Ermessen und unter Berücksichtigung des Berichtes des Jugendamtes, ob eine Gefährdung mit hinreichender Wahrscheinlichkeit gegeben ist und wie der Schweregrad der drohenden oder bereits eingetretenen Schädigung zu beurteilen ist. Danach richten sich dann die weiteren Maßnahmen, welche alle auf eine Abwendung der Schädigung bzw. der Gefährdung des Kindeswohls gerichtet sind. Ein Entzug des Sorgerechts (oder Teilen des Sorgerechts) und eine eventuelle Fremdplatzierung des Kindes kann dann noch vermieden werden. Das weitere Vorgehen sieht wie folgt aus:

1. Ist ein Schaden an Leib und Seele des Kindes bereits eingetreten und wird dieser als schwerwiegend eingestuft (z. B. bei sexuellem Missbrauch, physischer Gewalt, schwerer Vernachlässigung) oder droht ein solcher Schaden unmittelbar, so kann das Kind vom Jugendamt unverzüglich in Obhut genommen und (vorübergehend) in eine *Bereitschaftspflege* oder ein *Heim* untergebracht werden. Das Familiengericht erlässt dazu in der Regel eine (sofort wirksame) Einstweilige Anordnung. Die Bereitschaftspflege ist eine Notmaßnahme zur schnellen Abwendung

---

[3] Statistisches Bindesamt (Destatis) 2021.

einer weiteren Schädigung des Kindes. Dabei handelt es sich um Pflegeeltern, welche nach bestimmten Kriterien der Kinder- und Jugendhilfe entsprechend qualifiziert sind. Der Aufenthalt bei diesen sollte überschaubar, d. h. zeitlich absehbar sein. Allerdings sind Aufenthaltsdauern von bis zu einem Jahr nicht selten, da es bei den Jugendämtern häufig Engpässe bei der Verfügbarkeit einer Dauerpflegestelle gibt. (Die Voraussetzungen für eine Dauerpflege müssen natürlich vorliegen). Die längere Aufenthaltsdauer in der Bereitschaftspflege führt zu neuen Problemen, da das Kind zwischenzeitlich Bindungen zu den Pflegeeltern aufbaut (besonders kritisch im Säuglings- und Kleinkindalter), es aber schließlich in eine Dauerpflege überführt werden soll (falls nicht doch noch eine Rückführung zu den Eltern erreicht werden kann). In solchen Fällen ist es möglich, dass die Bereitschafts-Pflegeeltern auch als Dauer-Pflegeeltern eingesetzt werden oder dass diese das Kind adoptieren.

2. Liegt eine Gefährdung des Kindeswohls vor, rechtfertigt dies allein noch nicht sorgerechtsentziehende Maßnahmen. Das Gericht wird zunächst bestimmte Maßnahmen zur Abwendung der Gefahr ergreifen bzw. veranlassen. Diese sind in § 1666 BGB unter Absatz 3 aufgeführt, nämlich

- das Gebot, öffentliche Hilfen in Anspruch zu nehmen (z. B. *Hilfe zur Erziehung* nach § 27 SGB 8);
- das Gebot, für die Einhaltung der Schulpflicht zu sorgen;
- Verbote, die Familienwohnung zu nutzen (*Wegweisungsverfügung* – betrifft jenen Elternteil, von welchem eine Gefährdung ausgeht), sich in deren Nähe aufzuhalten, oder Orte aufzusuchen, an welchen sich das Kind regelmäßig aufhält;[4]
- Verbot, Verbindung mit dem Kind aufzunehmen (auch Telefon, SMS o. ä.) oder ein Zusammentreffen mit dem Kind herbeizuführen;

---

[4] Dabei wird Bezug genommen auf das Gewaltschutzgesetz *(GewSchG)*, wonach u. a. bei *Stalking* (unter Strafandrohung nach § 138 StGB) ein Annäherungsverbot für den Gefährder angeordnet werden kann [6].

- Erklärungen (gegenüber offiziellen Stellen) der Eltern können gerichtlich ersetzt werden (z. B. wenn es um die Beantragung von Hilfemaßnahmen geht und die Eltern sich weigern);
- und schließlich – als schärfste Maßnahme – der teilweise oder vollständige Entzug der elterlichen Sorge.

Der Maßnahmenkatalog ist damit nicht erschöpft, denn grundsätzlich können alle Maßnahmen, die geeignet erscheinen, eine Gefährdung des Kindeswohls abzuwenden, den Eltern auferlegt werden. Darunter fallen auch solche, die das Umgangsrecht einschränken (bei getrenntlebenden Eltern) oder das Gebot, die kinderärztlichen Reguntersuchungen einzuhalten oder notwendige ärztliche Untersuchungen und Behandlungen zuzulassen usw. Auch seitens des Jugendamtes können Maßnahmen nach §§ 27 bis 35 SGB 8 ergriffen werden, u. a. die Inanspruchnahme einer *Hilfe zur Erziehung* (u. a. auch pädagogische und therapeutische Leistungen), *Erziehungsberatung*, oder die Einrichtung einer *Sozialpädagogischen Familienhilfe (SPFH)*, welche „durch intensive Betreuung und Begleitung Familien in ihren Erziehungsaufgaben, bei der Bewältigung von Alltagsproblemen, der Lösung von Konflikten und Krisen sowie im Kontakt mit Ämtern und Institutionen unterstützen und Hilfe zur Selbsthilfe geben (soll)" (§ 31 SGB 8; Auszug). Die SPFH ist zwar auf einen längeren Zeitraum angelegt – wobei die Mitarbeit der Familie gefordert wird (z. B. die Erarbeitung eines Hilfeplans) –, in besonders prekären und schwerwiegenden Fällen einer Gefährdungslage für das Kind wird eine „Hilfe zur Selbsthilfe" jedoch kaum ausreichen. Die Maßnahmen nach SGB 8 erfordern aufseiten der Eltern Freiwilligkeit und Kooperationsbereitschaft.

Dass Gericht ist gehalten, die Wirkung der zunächst angeordneten oder angebotenen Maßnahmen spätestens nach drei Monaten zu überprüfen. Zeigt sich kein wesentlicher Fortschritt und besteht auch weiterhin eine Gefährdung des Kindeswohls, so kommt als nächster Schritt ein Teilentzug des Sorgerechts infrage. Dabei ist wiederum die Verhältnismäßigkeit einer solchen Maßnahme zu beachten, d. h. es dürfen nur solche Einzelrechte entzogen werden, die eng auf einen zu beseitigenden Missstand bezogen sind. Verweigern die Eltern beispielsweise, die (pädiatrischen) Reguntersuchungen, so kann das Recht auf

Gesundheitsfürsorge auf das Jugendamt als Pfleger übertragen werden. Ist die auch nur vorübergehende Unterbringung des Kindes in eine Bereitschaftspflegestelle oder in ein Heim erforderlich (z. B. wenn Hilfen nach SGB 8 von den Eltern nicht angenommen werden) und sind die Eltern damit nicht einverstanden, kann das Gericht den Eltern das Recht entziehen, den Aufenthaltsort des Kindes zu bestimmen. Der künftige Aufenthaltsort des Kindes kann auch bei Verwandten sein (z. B. den Großeltern), wenn diese erzieherisch geeignet sind und wenn damit sichergestellt werden kann, dass das Wohl des Kindes nicht weiter gefährdet ist. Es würde sich dabei um einen der grundsätzlich geforderten „milderen" Eingriffe in Elternrechte handeln.

Auch die Bestellung eines *Ergänzungspflegers* stellt noch eine relativ milde Maßnahme dar. Ergänzungspfleger kann das Jugendamt sein (bzw. eine dort beschäftigte Sachbearbeiterin), es ist aber oftmals angemessener, eine außenstehende Person mit der Ergänzungspflegschaft zu betrauen (z. B. Rechtsanwältin, Sozialpädagogin), um eventuell Interessenskollisionen mit anderen Aufgaben des Jugendamtes zu vermeiden [5, S. 164]. Ein Ergänzungspfleger hat nur die Rechte, für welche er „ergänzend" tätig sein soll, beispielsweise das Aufenthaltsbestimmungsrecht. Das kann auch bedeuten, dass er entscheidet, das Kind weiterhin bei den Eltern zu belassen, wenn aus seiner Sicht – in Kooperation mit dem Jugendamt – die Gefährdungslage sich für das Kind deutlich abgeschwächt hat und zu erwarten ist, dass bei anhaltender Kooperation mit den Eltern eine weitere Verbesserung eintritt.

Stößt die Familienarbeit des Ergänzungspflegers an Grenzen – etwa, weil die Eltern nicht mitarbeiten, aber auch aufgrund von Kompetenzschwächen des Pflegers selbst – dann kann das Gericht dem Kind einen *Vormund* zur Seite stellen; dieser hat dann alle Rechte, die sonst den Eltern zustehen, was auch bedeutet, dass den Eltern das Sorgerecht entzogen worden ist. Auch der Vormund prüft, ob sich zwischenzeitlich Veränderungen „hin zum Guten" bezüglich des Kindeswohls ergeben haben, oder ob – was auch möglich ist – neue Tatsachen aufgetaucht sind, die das Kindeswohl gefährden. Die Herausnahme des Kindes aus dem Haushalt der Eltern ist auch hier noch nicht zwingend erforderlich. Man kann aber wohl davon ausgehen, dass dies die „letzte

Station" auf dem Wege zu einer *Fremdplatzierung* des Kindes ist, wenn sich die Lage für das Kind nicht doch noch verbessert. Wird das Kind schließlich auf Dauer in eine Pflegefamilie aufgenommen, so können die Eltern dem natürlich zustimmen; in dem Fall wäre auch eine Gefährdungslage nicht mehr gegeben. Das Recht auf Umgang mit dem Kind bleibt für die Eltern aber vorerst erhalten. Das ist insofern bedeutsam, als damit bei einer eventuellen späteren Rückführung des Kindes in den elterlichen Haushalt einer Entfremdung vorgebeugt würde. Der Umgang kann dann, wenn noch Bedenken gegen die Erziehungsfähigkeit der Eltern bestehen oder andere Gefährdungsmomente nicht auszuschließen sind, von den Pflegeeltern begleitet werden.

7.2 Rückführung des Kindes zu den Eltern

Mit zunehmendem Alter des Kindes sinkt die Zahl der Sorgerechtsübertragungen (vollständige Sorge) auf das Jugendamt oder auf einen Dritten. Sie betrug 2020 bei den unter sechs Jahre alten Kindern 2.974, bei Kindern zwischen 6 und 14 Jahren 2.522 und bei Jugendlichen zwischen 14 und unter 18 Jahren 1.719 (insgesamt somit 7.215). Der Vergleich mit den Zahlen für die Übertragung von Teilen des Sorgerechts ergibt den etwa vierfach höheren Betrag (31.322). In Vollzeitpflege (Pflegeeltern) befanden sich in 2019 insgesamt 91.176 Kinder und Jugendliche bis zu 17 Jahren, die Heimunterbringung beläuft sich auf 136.114 Fälle. Die Durchschnittliche Verweildauer betrug 4 Jahre (49 Monate), allerdings mit starken Schwankungen je nach Altersgruppe: So blieben 29 % länger als 9 Jahre und 44 % bis zur Volljährigkeit in der Pflegefamilie. Etwa ein Drittel kehrte in die Herkunftsfamilie zurück und etwa ein Fünftel blieb in der Pflegefamilie auch nach Beendigung der Maßnahme (Einstellung der Pflegegeldzahlungen). Die anderen Kinder und Jugendlichen verteilen sich nach der Beendigung der ursprünglichen Maßnahme auf andere Pflegefamilien, auf ein

Heim, auf Verwandte oder auf andere Personen.[5] Die Zahlen deuten an, dass eine Rückkehr des Kindes oder Jugendlichen aus der Vollzeitpflege in die Herkunftsfamilie kein seltenes Ereignis ist.

Vollzeitpflege oder Dauerpflege ist hinsichtlich ihres zeitlichen Rahmens nicht präzise bestimmt. „Dauer" bedeutet somit nicht, dass ein Kind oder Jugendlicher bis zur Volljährigkeit in der Pflegeeinrichtung bleiben muss. Sinn aller Pflegemaßnahmen ist es ja, dass das Kind zu den Eltern zurückkehrt, allerdings darf das nicht zu einer erneuten Gefährdung des Kindeswohls führen. Eine solche würde sich auch einstellen, wenn die Rückkehr in die Herkunftsfamilie mit der zwischenzeitlich entstandenen vertrauensvollen Bindung des Kindes an die Pflegeeltern und mit den darüber hinaus erworbenen Beziehungen (z. B. zu Freunden) in Konflikt gerät. Die Problematik verschärft sich mit zunehmender Aufenthaltsdauer des Kindes in der Pflegefamilie. Dem Kind kann nur unter bestimmten Voraussetzungen zugemutet werden, nach den leidvollen Erfahrungen einer Herausnahme aus der Herkunftsfamilie und dem daran sich anschließenden Anpassungsprozess an ein neues Lebensumfeld nun erneut zu einer Umstellungsleistung gezwungen zu werden.

Als begünstigende Umstände, welche eine Rückführung zu den Eltern rechtfertigen können, kommen in Betracht:

- das Kind hat infolge von Umgangskontakten während des Aufenthaltes in der Pflegestelle eine tragfähige und emotional befriedigende Beziehung zu seinen Eltern entwickelt;
- das Kindeswohlrisiko, welches mit der Trennung von den Pflegeeltern verbunden ist, ist geringer, als das Risiko bei einem Verbleiben;
- das Kind wird infolge einer Rückkehr nicht re-traumatisiert;
- die Eltern zeigen hinsichtlich der vormaligen Kindeswohlgefährdung Problemeinsicht, sie akzeptieren Hilfeangebote und können überzeugend deutlich machen, dass sie ihre Lebensverhältnisse den Bedürfnissen des Kindes entsprechend anpassen können [1, S. 37];

---

[5] Statistisches Bundesamt (Destatis) 2020.

- der als beachtlich einzuschätzende Wille des Kindes steht einer Rückführung nicht entgegen oder diese wird vom Kind nachhaltig gewünscht;
- die Eltern akzeptieren, dass das Kind zwischenzeitlich Bindungen zu den Pflegeeltern und anderen Personen in der Familie (Stiefgeschwister) aufgebaut hat (Bindungstoleranz) und die Eltern fördern künftige Umgangskontakte mit den Pflegeeltern;
- Pflegeeltern und (biologische oder rechtliche) Eltern kooperieren in der Rückführungsphase;
- die Eltern akzeptieren eventuell eine schrittweise Rückführung (zunächst Besuche mit zeitlicher Ausweitung), damit das Kind sich an die veränderte Situation gewöhnen kann (besonders wichtig beim Kleinkind) und eine eventuell zwischenzeitlich eingetretene Entfremdung aufgehoben werden kann;
- Freundesbeziehungen (insbesondere beim älteren Kind und Jugendlichen) sollten möglichst auch weiterhin gepflegt werden können.

Die angeführten Gründe, die für eine Herausgabe des Kindes an die Eltern angeführt werden können, stehen unter dem Vorbehalt der Kindeswohlverträglichkeit. Dazu hat das höchste deutsche Gericht, das Bundesverfassungsgericht, folgendes ausgeführt:

> Wächst ein Kind in einer Pflegefamilie auf, so gebietet es das Kindeswohl, die neuen gewachsenen Bindungen des Kindes zu seinen Pflegepersonen zu berücksichtigen und das Kind aus seiner Pflegefamilie nur herauszunehmen, wenn die körperlichen, geistigen oder seelischen Beeinträchtigungen des Kindes als Folge der Trennung von seinen bisherigen Bezugspersonen unter Berücksichtigung der Grundrechtsposition des Kindes noch hinnehmbar sind.[6]

---

[6] [2] *Anmerkung:* „Grundrechtsposition des Kindes" bezieht sich auf Artikel 2 Abs. 1 GG, wonach *Jeder das Recht auf die freie Entfaltung seiner Persönlichkeit* (hat) in Verbindung mit GG Art. 2 Abs. 1: *Die Würde des Menschen ist unantastbar. Sie zu achten und zu schützen ist Verpflichtung aller staatlichen Gewalt.*

Es gibt demnach eine Grenze für das Risiko hinsichtlich der Prognose für eine mögliche Beeinträchtigung des Kindes; sie ist dann überschritten, wenn nicht ausgeschlossen werden kann, dass die Trennung des Kindes von seinen „sozialen Eltern" (Pflegeeltern) körperliche oder psychische Schädigungen nach sich ziehen kann.

Ein solches Risiko ist für das Kind nicht hinnehmbar. Pflegeeltern können dann eine sogenannte *Verbleibensanordnung* beim Familiengericht beantragen. Die rechtliche Grundlage dafür liefert der § 1632 Abs. 4 BGB: *Lebt das Kind seit längerer Zeit in Familienpflege und wollen die Eltern das Kind von der Pflegeperson wegnehmen, so kann das Familiengericht von Amts wegen oder auf Antrag der Pflegeperson anordnen, dass das Kind bei der Pflegeperson verbleibt, wenn und solange das Kindeswohl durch die Wegnahme gefährdet würde.*

Ist hier von „längerer Zeit" die Rede, so kann diese nicht in Monats- oder Jahreseinheiten definiert werden, sondern es muss das kindliche Zeitempfinden als Richtschnur für eine längere oder kürzere Dauer gelten. So wäre etwa für ein zweijähriges Kind ein Monat Trennung von den Eltern „länger" als für ein zwölfjähriges Kind und hätte vergleichsweise mehr psychische Folgen [3, S. 399]. Zugrunde zu legen ist hier also die „Entwicklungszeit" des Kindes (man könnte das auch „erlebte Zeit" nennen); sie geht nicht im Verhältnis 1:1 einher mit der chronologischen Zeit. Aus entwicklungspsychologischer Sicht würde eine für die Herausnahme des Kindes „noch hinnehmbare" Dauer des Aufenthaltes in der Pflegefamilie mit zunehmendem Alter des Kindes (gerechnet ab Aufnahme bei den Pflegeeltern) gleichfalls anwachsen. Für Eltern, die eine Rückführung ihres Kindes anstreben, ergibt sich daraus die Konsequenz, eine möglichst rasche Beseitigung der Hindernisse anzustreben und ggf. Hilfen nach SGB 8 anzunehmen, das Kind ist; Ansprechpartner hierfür ist das Jugendamt.

7.3 Eltern und sachverständige Begutachtung

Die Klärung von Fragen in Bezug auf beides, die Umstände, die zu einer Fremdunterbringung des Kindes führen, als auch solche, die eine Rückführung zu den Eltern ermöglichen, erfordern von allen

Beteiligten ein Höchstmaß an Einsicht und Kooperationsbereitschaft. Für den Sachverständigen besteht die Aufgabe in beiden Fällen darin, die jeweilige Gefährdungslage des Kindes aus psychologischer Sicht zu identifizieren und zu bewerten. Es geht also nicht darum, ob Maßnahmen wie Fremdplatzierung oder Rückführung dem Kindeswohl dienen, sondern allein darum, jene Alternative zu benennen und zu begründen, bei welcher das Risiko für das Wohl des Kindes am geringsten ist. Für den Begutachtungsprozess – von der ersten Kontaktaufnahme mit den Eltern bis zur Abgabe des schriftlichen Gutachtens – ergeben sich in formaler Hinsicht kaum Unterschiede zu solchen Begutachtungen, bei denen es um das Sorge- oder Umgangsrecht geht. Der Sachverständige wird auch hier von einer sorgfältigen Registrierung und Analyse der verfügbaren Vorinformationen (Akteninhalt, Berichte anderer Facheinrichtungen, eventuell Stellungnahme der Pflegeeltern) ausgehen und zu ersten Annahmen in Bezug auf den zu klärenden Sachverhalt kommen (Anknüpfungsgesichtspunkte). Der Sachverständige ist nicht befugt, die Eltern zu etwas zu überreden oder gar mit Hinweisen auf eventuell negative Konsequenzen bei mangelnder Kooperationsbereitschaft unter Druck zu setzen („Sie wollen doch sicherlich nicht, dass ihr Kind in Pflege kommt"). Der Sachverständige hat den Eltern auch nichts „vorzuwerfen" und würde sich damit seinerseits einen Verdacht auf Befangenheit einhandeln. Und schließlich geht es bei der Begutachtung nicht um eine Klärung der Schuldfrage. Die psychologische Fragestellung orientiert sich an den Kriterien des Kindeswohls und den darauf bezogenen Gefährdungsmomenten. In einem Gerichtsbeschluss zur Gutachtenerstellung wird dies deutlich (hier zu einer eventuellen Fremdplatzierung):.

> Es soll ein familienpsychologisches Gutachten eingeholt werden zu der Frage, ob familiengerichtliche Maßnahmen zur Abwehr von Gefahren für die Kinder erforderlich sind. Insbesondere soll der Sachverständige in seinem Gutachten auch zur Erziehungsfähigkeit der Kindesmutter sowie zu der Frage, ob eine Fremdunterbringung der Kinder erforderlich ist, Stellung nehmen. Der Sachverständige soll bei der Erstellung des

> Gutachtens auch auf die Herstellung des Einvernehmens zwischen den
> Beteiligten hinwirken.[7]

Es bleibt hier zwar offen, welche familiengerichtlichen Maßnahmen konkret gemeint sind, das Gericht spricht jedoch von der Möglichkeit einer Fremdunterbringung der drei Kinder (10,11,16) und stellt dafür bereits einen Zusammenhang mit der Erziehungsfähigkeit der Eltern her. In dem hier angesprochenen Fall bestand der Verdacht einer Alkoholerkrankung und des Substanzmissbrauchs bei der Kindsmutter, welcher von ihr in Abrede gestellt wurde, sich im Verlaufe der Begutachtung jedoch bestätigte (Alkohol- und Drogenscreening, u. a. mittels Haaranalyse). Die Kinder waren über längere Zeitabschnitte in der Woche sich selbst überlassen, der Älteste, selbst offen Cannabis-Konsument, erfüllte elterliche Aufgaben (Betreuung der Jüngeren, Essen kochen usw.). Die beiden jüngeren Kinder wurden, nachdem die Mutter bei einem unangemeldeten Besuch der Jugendamt-Mitarbeiterin in stark alkoholisiertem Zustand angetroffen worden war, vom Jugendamt in Obhut genommen und vorläufig in einem Heim untergebracht. Hilfemaßnahmen nach SGB 8 wurden von der Mutter abgelehnt, da sie die Drogenproblematik nicht einsehen wollte (konnte?), die Inobhutnahme nicht akzeptierte und somit keinen aktuellen Bedarf an Hilfe sah. Eine Kooperation mit dem Jugendamt war wegen der konfrontativen Haltung der Mutter gegenüber den Schutzmaßnahmen nicht möglich. Die beiden im Heim untergebrachten Kinder erklärten zwar, sie wollten zu ihrer Mutter zurück, lobten aber zugleich die Lebensumstände im Heim (Kontakt mit anderen Kindern, Essen, Spielmöglichkeiten). Bei der Anhörung durch den Sachverständigen äußerte der jüngere der beiden: „aber auch, wenn unsere Mutter besoffen ist, die kann immer noch mit uns gut sprechen und sie kann immer noch Essen machen." Der Sachverständige beurteilte die Erziehungsfähigkeit der Kindsmutter als stark eingeschränkt und empfahl die weitere Unterbringung der beiden jüngeren Kinder in einer Einrichtung der

---

[7] Amtsgericht/Familiengericht F. v.13.05.2020.

Kinder- und Jugendhilfe bei gleichzeitiger Erarbeitung eines Umgangskonzepts. Der Älteste (16) verblieb zunächst – in Entsprechung seiner Willensäußerung – in der Wohnung. Für ihn wurden Hilfemaßnahmen nach § 27 SGB 8 eingeleitet, u. a. ein Kontrollauftrag und das Angebot, in eine Wohngruppe umzuziehen. Dem Auftrag, Einvernehmen zwischen den Beteiligten herzustellen, konnte nur partiell entsprochen werden, indem Jugendamt und Verfahrensbeiständin (diese waren ja „Gegenpartei" zur Mutter) sich den Schlussfolgerungen im Gutachten anschlossen. Die Kindesmutter war zeitweilig nicht auffindbar. Auf das Angebot zu einem Gespräch, in welchem es um eine vorläufige Herausnahme der Kinder (mit der Aussicht, diese nach erfolgreichem Anschluss therapeutischer Maßnahmen bei der Kindesmutter zurückzuführen) und um Hilfsmaßnahmen gehen sollte, erfolgte seitens der Kindesmutter keine Reaktion.[8]

In dem hier geschilderten Fall tritt eine Gefährdungslage für die Kinder klar hervor, vor allem auch deshalb, weil ein exzessiver Alkohol- und Substanzmittelmissbrauch als „harte Tatsache" einer objektiven Überprüfung leicht zugänglich ist. In vielen anderen Fällen ist die Situation hinsichtlich einer Kindeswohlgefährdung nicht so offenbar und es bedarf zu deren Abklärung umfangreicher Untersuchungen und Recherchen auch im sozialen Umfeld der Betroffenen. Die Gutachterliche Tätigkeit richtet sich auf Feststellungen zur aktuellen Gefährdungslage, aber auch auf die Risikofaktoren, welche auf eine künftige Gefährdung hinweisen. Soweit die Eltern dazu beitragen wollen und können, ist dafür auch eine tragfähige „Arbeitsbeziehung" erforderlich. Bei der zumeist vorherrschenden Konfrontationshaltung der Eltern gegenüber dem Jugendamt (sie ist sozusagen systemimmanent) ist den Eltern die Einsicht zu vermitteln, dass der Sachverständige nicht als „Erfüllungsgehilfe" des Jugendamtes fungiert und zur Neutralität verpflichtet ist. In erster Linie geht es darum zu verstehen, warum die Familie in eine prekäre Situation gekommen ist, in welcher das Wohl des Kindes bedroht oder bereits beeinträchtigt ist. Beim *Ver-*

---

[8] Quelle: Autor.

stehen geht es im Unterschied zu bloßem Erklären um die Gewinnung tieferer Einsichten in die Beziehungsdynamik der Familie, wobei es auch um Mitgefühl und Empathie geht. Beides wird nur dann zu einer Klärung der Verhältnisse beitragen, wenn Eltern sich unverstellt und ehrlich mit den angesprochenen Problemen auseinandersetzen und dabei vor allem die Realität ihres Kindes im Auge behalten. Im Falle einer Fremdplatzierung ihres Kindes ist den Eltern eine Perspektive zu eröffnen, und zwar in dreifacher Hinsicht: eine weitere Pflege und Entwicklung der Beziehung zu ihrem Kind (mittels Umgangskontakten), die Möglichkeit einer Behebung der Missstände, welche zur Herausnahme des Kindes geführt haben (ggf. durch externe Hilfen) und schließlich die Aussicht auf eine Rückführung des Kindes in ihren Haushalt (mit den erforderlichen Vorkehrungen).

Dass die Rückführung des Kindes in den elterlichen Haushalt durchaus eine realistische Option sein kann, zeigt das folgende Beispiel aus der Rechtsprechung. Dabei ist vor allem beachtlich, dass eine Rückführung auch noch nach einer Aufenthaltsdauer des Kindes in der Pflegefamilie von sechseinhalb Jahren erfolgen kann und sogar eine kurzfristige Herausgabe des Kindes angezeigt ist.

> Die Eltern wurden nach einjähriger Ehe geschieden, aus der Ehe ging eine Tochter hervor. Nach der Scheidung zogen die Eltern wieder zusammen und bekamen eine weitere Tochter. Es erfolgte die zweite Trennung, die beiden Mädchen blieben beim Vater, der für beide inzwischen das alleinige Sorgerecht bekommen hatte. Auch nach dieser zweiten Trennung hatten die Eltern sexuellen Kontakt. Die Kindesmutter wurde erneut schwanger, verschwieg dies aber dem Kindesvater. Zu den beiden Töchtern hatte sie monatelang keinen Kontakt mehr. Das von ihr allein entbundene Kind legte sie in eine Babyklappe, meldete sich aber später bei dem Hospital und erklärte, dass sie den Namen des Vaters nicht wisse. Das Jugendamt fand die Wohnung der Mutter bei einer Kontrolle in einem verwahrlosten Zustand vor. Das Amtsgericht in L. entzog daraufhin dar Mutter das Sorgerecht (per einstweiliger Anordnung) und bestellte das Jugendamt zum Vormund. Das Kind wurde in eine Dauerpflegestelle überführt.
>
> Als das Kind ein halbes Jahr alt war, erlangte der Kindesvater Kenntnis von dessen Existenz und erklärte gegenüber dem Jugendamt seine Vaterschaft für das Kind. Dem wurde vom Jugendamt wegen der widersprüchlichen Angaben der Kindesmutter zunächst nicht entsprochen und es bedurfte erst eines vom Amtsgericht aufgegeben Vaterschaftsgutachtens,

um die Vaterschaft als „praktisch bewiesen" zu deklarieren. Auch jetzt kamen noch keine Kontakte zwischen Vater und Kind zustande, da das Jugendamt und der Verfahrensbeistand Bedenken hatten, ob es mit dem Kindeswohl vereinbar sei, wenn das inzwischen in der Pflegefamilie gut integrierte Kind in den Haushalt des Vaters wechseln würde. Das Amtsgericht richtete eine Umgangspflegschaft ein und gab ein Sachverständigengutachten in Auftrag, mit dem geklärt werden sollte, ob es dem Wohl des Kindes widerspreche, wenn das Kind auf Dauer aus der Pflegefamilie herausgenommen werde und künftig bei seinem Vater aufwachse. Der Vater erhielt nach Antrag Umgangskontakte. Der Umgang im Umfang von 1 bis 1½ Stunden alle 3 bis 4 Wochen fand in den Räumlichkeiten des Jugendamtes statt und wurde von der Pflegemutter begleitet. Eine Ausweitung der Umgangskontakte fand nicht statt, obwohl laut Bericht der Umgangspflegerin das Kind davon profitierte. Die Sachverständige hatte erklärt, erst müsse geklärt werden, ob das Kind auf Dauer aus der Pflegefamilie herausgenommen werden könne, ohne Schaden zu erleiden. Erst danach sei der Aufbau einer intensiveren Beziehung des Kindes zum Vater sinnvoll. Der Vater stellte einen Antrag auf Übertragung der elterlichen Sorge (das Kind war jetzt 2 Jahre alt), das Familiengericht wies den Antrag zurück und im Beschwerdeverfahren vor dem OLG erhielt der Vater das Sorgerecht (mit der Ausnahme einer Regelung des Umgangs), nachdem er sich mit einem aktuellen Verbleib des Kindes in der Pflegefamilie bei gleichzeitiger Ausweitung der Umgangskontakte einverstanden erklärt hatte. Das Kind lernte jetzt seine beiden leiblichen Schwestern kennen, die Umgangskontakte erfolgten aber weiterhin in Begleitung der Pflegemutter und in den Räumlichkeiten der Umgangspflegerin – trotz Protestes des Vaters. Der Vater stellte einen Antrag auf Herausgabe seines Kindes. Er befürchtete, dass die Umgangskontakte am Widerstand der Pflegeeltern scheitern würden, das Kind gerate aufgrund des Verhaltens der Pflegeeltern in einen ständigen Loyalitätskonflikt. Diese beantragten die Zurückweisung des Herausgabeantrages des Vaters mit der Begründung, das Kind lebe bereits seit über 3 Jahren in der Familie und mit einer Herausgabe würde es seelischen Schaden erleiden. Das Jugendamt schloss sich dieser Argumentation an und das Amtsgericht wies den Herausgabeantrag des Vaters zurück und verfügte, dass das Kind in der Pflegefamilie bleibe, da eine Herausnahme zum jetzigen Zeitpunkt das Kind schädigen würde. Das Kind habe zwar eine „gute Beziehung" zu seinem Vater entwickelt, diese sei aber nicht vergleichbar mit der Bindung an die Pflegeeltern. Auch der Verfahrensbeistand befürwortete einen Verbleib des Kindes in der Pflegefamilie.

Gegen dies Entscheidung des Amtsgerichts legte der Kindesvater Beschwerde beim Oberlandesgericht ein. Das OLG erweiterte die Umgangskontakte schrittweise. Ein neuer Umgangspfleger wurde bestellt und jetzt gab es auch Übernachtungen des Kindes beim Vater (Umgangskontakte jedes zweite Wochenende mal mit und mal ohne

7 Fremdplatzierung und Rückführung des Kindes 153

Übernachtung). Das Verhältnis zwischen den beteiligten Erwachsenen (Kindesvater, Pflegeeltern) verschlechterte sich weiter.

Das OLG gab ein erneutes Gutachten in Auftrag. Es sollte die Frage geklärt werden, ob das Wohl des Kindes infolge eines Wechsels vom Haushalt der Pflegeeltern n den Haushalt des Kindesvaters gefährdet sei. Falls ja, sollte zu der Frage Stellung genommen werden, wann ein solcher Wechsel des Kindes zum Vater in Betracht komme und welche Maßnahmen erforderlich seien, einen solchen Wechsel sicherzustellen. Auch sollte die Sachverständige auf ein Einvernehmen zwischen den Beteiligten hinwirken,

Die Pflegeeltern und das Jugendamt hatten erhebliche Bedenken gegen das Gutachten und zweifelten dessen Verwertbarkeit an. Das OLG gab daraufhin ein weiteres Gutachten bei einer anderen Sachverständigen in Auftrag. Alle Beteiligten und das betroffene Kind wurden angehört, beim 3. Termin auch die Sachverständige, welche ihr Gutachten weiter erläuterte.

Die Entscheidung: Das OLG verneinte die Voraussetzungen für eine Verbleibensanordnung nach § 1632 Abs. 4 BGB und gab dem Herausgabeantrag des Vaters nach § 1632 Abs. 1 BGB statt. Das Gericht sah eine „überwiegende Wahrscheinlichkeit", dass das Kind durch den Wechsel Schaden nehmen werde, als nicht gegeben. Es schloss sich der Argumentation der Sachverständigen an, wonach das Kind (jetzt 6 Jahre alt) seinen Willen, bei den Pflegeeltern bleiben zu wollen, klar formuliert hatte, was als Ausdruck seiner Bindung und großer Verlustangst zu sehen sei. Es sei selbstverständlich, dass bei einem sechsjährigen Kind die Vorstellung, sein bisheriges Zuhause verlassen zu müssen, dieses überfordere und Angst auslöse. Dagegen würde aber stehen, dass das Kind über eine ausreichende Bewältigungsfähigkeit verfüge und die Belastungssituation durch die bereits bestehenden Bindungen zum Vater und zu den Schwestern abgemildert werde. Auch könnte der langfristige Verbleib des Kindes in der Pflegefamilie dessen Entwicklung negativ beeinträchtigen, da es sich irgendwann einmal die Frage stellen würde, warum es nicht bei seinen leiblichen Eltern habe aufwachsen können, zumal sein Vater das von Anfang an gewollt habe. Das Vertrauen des Kindes zu seinen Pflegeeltern könnte dadurch nachhaltig erschüttert werden.

Das Gericht hat bewusst darauf verzichtet, einen Wechsel des Kindes in den Haushalt des Vaters langsam, d. h. in Schritten, vorzunehmen. Als formaler Grund dafür fungierte der anstehende Schulbeginn und damit ein neuer Lebensabschnitt. Wichtiger erschien jedoch, dass ein langsamer Wechsel angesichts der Verlustängste der Pflegeeltern und der zunehmend verhärteten Fronten zwischen den Beteiligten zu einer weiteren Belastung des Kindes führen würde, welche unter Kindeswohlgesichtspunkten betrachtet der Sache nicht dienlich sei [4].

Der Beschluss wird deshalb so ausführlich wiedergegeben, weil hier sozusagen (fast) „alle Register" eines sich über mehr als 6 Jahre erstreckenden Gesamt-Verfahrensablaufes gezogen wurden: Sorgerechtsentzug Kindesmutter, Dauerpflege, zurückgewiesene Anträge des Vaters auf Amtsgerichtsebene, Verfahrensbeistand, zwei aufeinanderfolgende Umgangspfleger, verschiedene Umgangsregelungen, insgesamt drei Sachverständigen-Gutachten, schließlich Beschwerdeverfahren auf OLG-Ebene usw. Bedauerlich – auch aus psychologischer Sicht – ist hier die zeitliche Erstreckung, welche auch den von Jugendamt und Verfahrensbeiständin vorgebrachten Bedenken gegen eine Rückführung des Kindes geschuldet ist, wenngleich in rechtlicher Hinsicht wohl nicht zu beanstanden. Mit seiner Entscheidung ist das OLG den Vorgaben des Bundesverfassungsgerichts gefolgt, wonach die Herausgabe des Kindes an die Eltern nur dann versagt werden darf, wenn durch die Wegnahme von der Pflegeperson das körperliche, geistige und seelische Wohl des Kindes schwer und nachhaltig gefährdet wäre.

Im vorliegenden Fall verkennt das OLG nicht, dass die Herausnahme eines Kindes aus seiner langjährigen Pflegefamilie von existenzieller Bedeutung ist und deshalb nur unter streng zu handhabenden Voraussetzungen erfolgen darf. Schließlich war das Kind gut in der Pflegefamilie integriert. Man kann hier sicherlich auch Mitgefühl mit den Pflegeeltern und Verständnis für deren Situation haben; schließlich hat das Kind über einen Zeitraum von fast 7 Jahren engere Bindungen zu ihnen aufgebaut, wie auch umgekehrt eine enge Beziehung aufseiten der Pflegeeltern bestehen dürfte. Entscheidend ist jedoch in allen solchen Fällen, dass Pflegeverhältnisse grundsätzlich auf Zeit angelegt sind, auch wenn von einer Dauerpflege die Rede ist (vielleicht sollte man eher von einer „Langzeitpflege" sprechen und damit der Möglichkeit einer zeitlichen Begrenzung Raum geben).

Eltern haben grundsätzlich einen Rechtsanspruch auf Rückführung ihres Kindes. Auch wenn ein solcher auf unbestimmte Zeit nicht einlösbar sein sollte, ist das Kind für die Eltern nicht „verloren". Ein einvernehmliches Handeln der Eltern könnte auch darin bestehen, den Lebensmittelpunkt des Kindes bei der Pflegefamilie oder im Heim zu akzeptieren und damit zu einer Entspannung der Situation maßgeblich beizutragen. Sie würde es Eltern und Pflegeeltern erlauben, zum Wohl des Kindes zu kooperieren und zugleich dem Kind das Gefühl geben, „zwei Familien" zu haben, wenngleich auch an verschiedenen Orten.

Literatur

1. Balloff, R. (2018). *Kinder vor dem Familiengericht* (3. Aufl.). Nomos.
2. Bundesverfassungsgericht. (2010). Az. 1 BvR 2910/09 v. 31.03.2010 [Juris].
3. Dettenborn, H., & Walter, E. (2016). *Familienrechtspsychologie*. Reinhardt.
4. OLG Hamm. (2013). Az. II-12 UF 59/11 28. 08.2013, [*NZFam* 2014, 811].
5. Salzgeber, J. (2020). *Familienpsychologische Gutachten. Rechtliche Vorgaben und sachverständiges Vorgehen* (7. Aufl.). Beck.
6. Voß, H.-G.W. (2011). Häusliche Gewalt, Stalking und Familiengerichtsverfahren. *Familie Partnerschaft Recht, 17*(5), 199–203.

8
Kosten des Verfahrens

Für Verfahren zum Sorge- und Umgangsrecht gilt der *Amtsermittlungsgrundsatz,* d. h. das Familiengericht muss auf Antrag oder „von Amtes wegen" tätig werden. Das bedeutet, dass das Gericht nach eigenem Ermessen die Mittel zur Beweiserhebung (z. B. in der Frage einer Gefährdung des Kindeswohls) auswählen und anordnen kann. Dazu gehört auch die Einholung eines Sachverständigengutachtens, das zumeist den höchsten Anteil der Kosten ausmacht. Die Kosten werden in der Regel gegeneinander aufgehoben, sodass jeder der getrenntlebenden Elternteile die Hälfte übernimmt. Die Gesamtkosten teilen sich auf in *Gerichtsgebühren,* Rechtsanwaltsgebühren (falls ein Rechtsanwalt beauftragt wird) und eventuell Kosten für das *Sachverständigengutachten.* Eventuell kommen noch außergerichtliche Kosten hinzu, zum Beispiel für Beratung oder Mediation.

8.1 Was kostet ein Verfahren zum Sorge- oder Umgangsrecht?

Das Gericht kann aufgrund einer vorläufigen Schätzung der Verfahrenskosten einen *Auslagenvorschuss* verlangen („Auslagen" deshalb, weil die Gerichtsgebühren und eventuell die Gutachtenkosten von der Staatskasse vorgestreckt werden). Allerdings darf es von deren Einzahlung in die Gerichtskasse den Fortgang des Verfahrens nicht abhängig machen, da es im übergeordneten Interesse des Kindeswohls tätig ist. (*Anmerkung*: Anders ist es in Scheidungssachen – da wird das Gericht erst tätig, wenn der Vorschuss eingezahlt ist).

1. Die *Gebühren für Gerichtsverfahren* allgemein richten sich nach dem sogenannten *Verfahrenswert* (auch Gegenstandswert oder Streitwert). Er beträgt bei „einfachen" Kindschaftssachen 3.000 €, kann aber erhöht werden, wenn das Verfahren einen zusätzlichen Aufwand (mehrere Termine, Sachverständigengutachten) erfordert; in einem Verfahren, welches als aufwendig eingestuft wurde (Sorgerecht- und Umgangsrecht, Einstweilige Anordnungen, mehrere Termine) betrug der Verfahrenswert 6.000 €. Auch eine Reduzierung ist möglich, zum Beispiel bei einer „einfachen" Einstweiliger Anordnung" (1.500 €). Der Verfahrenswert ist kein „realer Betrag", welcher von den Beteiligten zu leisten wäre. Es handelt sich um einen ideellen Wert (Richtwert), an welchem sich die Gebühren des Gerichts und ggf. der Rechtsanwälte orientieren. Bei einem Verfahrenswert von 3.000 € beträgt die Gerichtsgebühr für jeden Elternteil – entsprechend dem *Gesetz über Gerichtskosten in Familiensachen (FamGKG)* – derzeit (2020) 119 € (bei einem Verfahrenswert von 4.000 € sind es 140 €) multipliziert mit 2, das ergibt 238 € (bzw. 280 €). Übrigens: Keine Gebühren werden erhoben für sogenannte *freiheitsentziehende Maßnahmen* nach § 1631b BGB – z. B. ärztliche Zwangsunterbringung – und bei Pflegschaftsangelegenheiten (Pflegefamilie, Umgangspfleger). Besondere Gebühren entstehen bei einer Einstweiligen Anordnung oder bei einem gerichtlich gebilligten Vergleich, wenn das Verfahren schuldhaft verzögert wird oder wenn Zwangsmaßnahmen oder eine Vollstreckung erfolgt (z. B. wird das Kind mittels Gerichtsvollzieher aus der elterlichen Wohnung herausgeholt. Die Gebühr beträgt hier 22 €).

Neben der Gerichtsgebühr gibt es noch die Gerichts-*Auslagen,* welche nach der *Kostenordnung (KostO)* zu erstatten sind. Darunter fallen Kosten für die Anfertigung von Dokumenten (*Dokumentenpauschale,* 0,50 € für die ersten 50 Seiten, danach 0,15 € für jede weitere Seite), für *sonstige Auslagen* (z. B. Portokosten) und für *Rechnungskosten* (Aufwand seitens eines Rechnungsbeamten).

2. *Rechtsanwaltskosten* richten sich gleichfalls nach dem Verfahrenswert. Sie sind im *Rechtsanwaltsvergütungsgesetz (RVG)* aufgeführt. Vom Rechtsanwalt können Gebühren für das Verfahren, für den Gerichtstermin und (bei Einigung) eine Einigungsgebühr mit entsprechenden Multiplikationsfaktoren veranschlagt werden Die Einigungsgebühr entspricht der sogenannten Wertgebühr, welche bei einem Verfahrenswert von 3.000 € 222 € beträgt.[1] Sie kann aber nur dann erhoben werden, wenn – wie der Name sagt – die Eltern oder die streitenden Beteiligten sich geeinigt haben und damit eine gerichtliche Entscheidung (die sog. Endentscheidung) entbehrlich wird, oder wenn die Entscheidung einer getroffenen Vereinbarung folgt.[2] Die Gesamtkosten einer anwaltlichen Vertretung in Kindschaftssachen können hier nicht exakt beziffert werden, da dies vom einzelnen Fall und den damit verbundenen (besonderen) Leistungen zusammenhängt. Eine Musterrechnung (keine Gewähr!) bei einem Gegenstandswert von 3.000 € könnte wie folgt aussehen (hier für einen Elternteil, wenn ein Rechtsanwalt beauftragt wurde):

- Verfahrensgebühr Faktor 1,3 288,60 €
- Terminsgebühr Faktor 1,2 266,40 €
- Einigungsgebühr Faktor 1,0 222,00 €
- Auslagenpauschale 20,00 €
- Summe netto 797,00 €
- Summe brutto (MwSt. 19 %) 948,43 €
- Summe brutto (ohne Einigungsgebühr) 684,25 €

Eventuell kommen hinzu: Fahrtkosten, Tagespauschale, Dokumentenpauschale)

---

[1] Entsprechend *Kostenrechtsänderungsgesetz (KostRÄG)* ab 01.01.2021.
[2] Oberlandesgericht Oldenburg, Beschluss vom 17. November 2015 Az.4 WF 174/15.

3. *Sachverständigen- und Gutachtenkosten* werden nach dem Gesetz über die Vergütung von Sachverständigen, Dolmetscherinnen, Dolmetschern, Übersetzerinnen und Übersetzern sowie die Entschädigung von ehrenamtlichen Richterinnen, ehrenamtlichen Richtern, Zeuginnen, Zeugen und Dritten (glücklicherweise gibt es dafür die Abkürzung *JVEG*) abgerechnet. Das Sachverständigengutachten ist, da es in der Regel den im Verfahren höchsten Kostenanteil ausmacht, häufig Gegenstand kritischer Kommentare. In solchen Kommentaren ist dann beispielsweise oftmals – mit spürbarer Empörung – von „Gutachterwahnsinn" die Rede. Die Kosten für ein Gutachten belaufen sich, je nach Aufwand und Umfang, im Mittel etwa zwischen 4.000 und 6.000 €, können aber auch - je nach Aufwand - erheblich höher ausfallen. Ein Gutachten erfordert Sachverstand. Die vom Familiengericht gesetzte Frist zur Abgabe des Gutachtens beträgt in der Regel 3 bis 4 Monate, wird jedoch häufig nicht eingehalten. Die Kosten eines Gutachtens gehören zu den *Auslagen* des Gerichts. Der Sachverständige reicht seine Kostenaufstellung zusammen mit dem schriftlichen Gutachten beim Gericht ein. Die Gutachtenkosten werden zunächst aus der Staatskasse beglichen und anschließend bei den Beteiligten (Eltern) zu gleichen Teilen eingefordert.[3]

Gutachtenkosten setzen sich aus zwei Teilen zusammen: dem *Zeitaufwand* (in Stunden) und dem *Aufwendungsersatz* (in Geldbeträgen). Der Stundensatz ist nach JVEG geregelt. Laut Tabelle (Anhang zum JVEG) fallen Gutachten zum Sorge- und Umgangsrecht in die höchste Vergütungsklasse M3 (Gutachten mit hohem Schwierigkeitsgrad, d. h. „Begutachtungen spezieller Kausalzusammenhänge und/oder differenzialdiagnostischer Probleme und/oder Beurteilung der Prognose und/oder Beurteilung strittiger Kausalitätsfragen"); der Stundensatz beträgt hier seit Neufassung des JVEG in 2020 derzeit 120 €.

Ein typisches Beispiel für eine Kostenrechnung des Sachverständigen (hier im Rahmen einer Umgangsregelung für den Kindesvater) sieht wie folgt aus (Datumsangaben und Uhrzeiten weggelassen):

---

[3] Zu *Verfahrenskostenhilfe* s. weiter unten.

Die Kosten eines Gutachtens (Beispiel)
A. Zeitaufwand.
Aktenstudium (nur relevante Teile), sonstiges Material (Fremdmaterial, ärztl. Untersuchungsbefunde), 110 S.: 3 Std.
Gedankliche Vorbereitung und Planung der Untersuchung: 0,5 Std.
Explorationsgespräche mit Beteiligten: Kindesmutter (1 Termin): 1,5 Std.; Kindesvater: (2 Termine): 2 Std.; 2 Kinder: 1 Std.
Informationsgespräche (telefonisch) mit Beteiligten: Sachbearbeiterin beim Jugendamt: 0,5 Std.; Verfahrensbeiständin: 0,5 Std.; Kinderärztin: 0,5 Std.; Betreuerin im Kindergarten: 0.5 Std.
Ortstermin in X (Hausbesuch bei der Kindesmutter): 1 Std.
1. Ortstermin in Y (Hausbesuch beim Kindesvater): 1,5 Std.
2. Ortstermin in Y (Umgangsbegleitung Kindesvater/Kind): 2 Std.
Fahrzeiten für Ortstermine: Ortstermin in X (Hin- und Rückfahrt mit PKW, 2×32 km): 1 Std.; 2× Ortstermine in Y (Hin- und Rückfahrt mit PKW): 2× 2x18 KM: 1,5 Std.
Testpsychologische Untersuchungen, Auswertung und Interpretation: 1 Kind, 2 Erwachsene: 4 Std.
Erstellung des Gutachtens (90 S.) – Ausarbeitung: Zusammenfassende Darstellung der Anknüpfungstatsachen 1 Std.; Formulierung der psychologischen Annahmen 2 Std.; Zusammenfassende Darstellung der Gespräche (8) 5 Std.; Kritische Einordnung der Testbefunde 2 Std.; Gutachtliche Stellungnahme 6 Std.; Diktat und Korrektur: 2 Std.; gesamt: 18 Std.
Zeitaufwand insgesamt: 39 Std. à 120=4.680 €
B. Aufwendungsersatz.
Gutachten Original 90 S., 129.475 Zeichen (ohne Leerst.) 130 × 1,50=195,00.[4]
4 Kopien: 4 × 90 S.: 360 S., 50 × 0,50+310 × 0,15=71,50.
Fahrtkosten mit PKW.
Ortstermin in X: 2 × 32 km × 0,35=22,40 €
2 × Ortstermin Y: 2 × 2 x 18 km × 0,35=25,20 €
Sonstige Aufwendungen: Telefon- und Portokosten (pauschal): 15,00 €;
Aufwendungsersatz insgesamt: 329,10 €
C. Gesamtentschädigung.
A. Zeitaufwand 4.680 €
B. Aufwendungsersatz 329,10 €
Zwischensumme 5.009,10 €
USt. 19 %. 951,72 €
Gesamtbetrag 5.960,82 €

---

[4] Jeweils 1000 angefangene Zeichen (ohne Leerstellen) werden mit 1,50 € vergütet.

Für das gesamte Verfahren in unserem Beispiel würden somit an Kosten für einen Elternteil entstehen:

> **Beispiel**
>
> Gerichtskosten: ½ × 238 = 119,00 € (bei Verfahrenswert 3.000 €)
> Rechtsanwaltskosten: 684,25. (ohne Einigungsgebühr)
> Gutachtenkosten: ½ × 5.960,82 = 2.980,41.
> Gesamtkosten: 3.783,66.

Es bleibt noch festzustellen, dass von den Beteiligten bzw. von den Personen, welche die Kosten schulden, beim Gericht *Beschwerde* gegen die Kostenfestsetzung eingelegt werden kann (§§ 4 Abs. 1 JVEG, 66 FamGKG). Die Beschwerde muss möglichst konkret begründet werden (z. B. wurde die Stundenzahl im Gutachten falsch angegeben oder die angeführten Termine wurden von einer Hilfskraft des Sachverständigen wahrgenommen). Über die Beschwerde entscheidet das Gericht. Auch der Kostenbeamte, welcher die Rechnung prüft (oder dessen Vorgesetzter, der Bezirksrevisor) kann die Rechnung des Sachverständigen überprüfen und ggf. zurückweisen. Dieser hat dann Anspruch darauf, dass das Gericht per Beschluss den Gesamtbetrag festlegt (§ 4 Abs. 1 JVEG).

8.2 Bekomme ich Verfahrenskostenhilfe?

Die *Prozess- oder Verfahrenskostenhilfe* (PKH, VKH) soll es Beteiligten, ermöglichen, ihre Rechte einzufordern oder zu verteidigen, wenn diese die Kosten nicht oder nur teilweise aufbringen können. Erfolgt das Verfahren auf Antrag (bei Sorgerechtsverfahren in der Regel die Eltern), so darf der Antrag nicht *mutwillig* gestellt sein. Der entsprechende § 114 ZPO lautet (Absatz 1 hier gekürzt):

> 1) Eine Partei, die nach ihren persönlichen und wirtschaftlichen Verhältnissen die Kosten der Prozessführung nicht, nur zum Teil oder nur in Raten aufbringen kann, erhält auf Antrag Prozesskostenhilfe, wenn die beabsichtigte Rechtsverfolgung oder Rechtsverteidigung hinreichende Aussicht auf Erfolg bietet und nicht mutwillig erscheint.

2) Mutwillig ist die Rechtsverfolgung oder Rechtsverteidigung, wenn eine Partei, die keine Prozesskostenhilfe beansprucht, bei verständiger Würdigung aller Umstände von der Rechtsverfolgung oder Rechtsverteidigung absehen würde, obwohl eine hinreichende Aussicht auf Erfolg besteht.

Als „Partei" fungiert hier der Beteiligte im Verfahren, als „Prozess" das Verfahren. Die Hilfe erstreckt sich auch auf eine anwaltliche Vertretung, wenn – auf Antrag – dem Beteiligten ein Anwalt **gerichtlich** beiordnet ist. Der Rechtsanwalt kann von den Eltern vorgeschlagen werden und sollte für den Gerichtsbezirk zugelassen sein. Wird die VKH nicht in voller Höhe gewährt, oder werden vom Gericht Teilzahlungen (auch für einen Teilbetrag der Hilfe) angesetzt, so sind diese aus dem Einkommen des betreffenden Elternteils zu entrichten, höchstens jedoch bis zu 48 Monatsraten. Wurde eine VKH gewährt und verbessern sich die wirtschaftlichen Verhältnisse des Elternteils wesentlich, so kann dieser auch nachträglich bis zum Ablauf von 4 Jahren seit der rechtskräftigen Entscheidung zu Zahlungen herangezogen werden.

Um eine VKH zu beantragen, laden Sie sich die *Erklärung über die persönlichen und wirtschaftlichen Verhältnisse bei Prozess- oder Verfahrenskostenhilfe* aus dem Netz herunter: zunächst unter https://justiz.de/service/formular/f_allgemeines/index.php das Justizportal des Bundes und der Länder aufrufen (hinter dem f steht ein Unterstrich!), dann das Antragsformular für die Prozesskostenhilfe/Verfahrenskostenhilfe herunterladen, oder online mit Unterstützung ausfüllen

Literatur

1. OLG Oldenburg. (2015). Az. 4 WF 174/15 v. 17. 11. 2015. Juris.

Stichwortverzeichnis

A
Achtsamkeit 31
Adoption 4
Alltagsentscheidung 124
Alter des Kindes 35, 51, 120, 126, 131, 134, 144, 147
Amtsverfahren 6
Anordnung, einstweilige 7, 112, 158
Anreiz, materieller 47
Arbeitsmodell für Beziehung 38
Attachment s. Bindung
Aufenthaltsbestimmungsrecht 11, 12, 35, 37, 41, 115, 116, 122, 127, 128, 143

B
Balloff, R. 122, 124
Befangenheit 79
Begutachtung 4, 53, 75, 78, 80–83, 86, 92, 131–133, 147–149
Beobachtungsmethode 90–92, 95
Beratung 3, 17, 18, 80, 109, 111–113, 134, 157
Beratungspsychologie 77, 109
Berliner Senat für Familiensachen 64
Beschleunigungsgebot 78, 110
Beschwerdegericht 15, 104
BGB 3, 16
BGH 6
Bindung 25, 27, 37–41, 50, 54, 96, 98–100, 134, 145, 152, 153
Bindungsgenese 33, 38, 39, 134
Bindungstoleranz 25, 27, 39–41, 57, 72, 84, 87, 107, 132, 133, 146
Bindungstyp 38
Bundesverfassungsgericht 16, 106, 146, 154

D

Dauerpflege 141, 145, 154
Dettenborn, H. 48, 53, 69, 114
Diagnostik 48, 86, 95, 96
DMS-5 65, 67

E

Einigungsgebot 3
Einzeltherapie 110
Elterliches-Entfremdungs-Syndrom s. PAS
Elternrecht 117
Endentscheidung 9, 14, 159
Erziehungsbefähigung 29, 31
Erziehungsfähigkeit 26–29, 31, 32, 35, 40, 56, 87, 95, 96, 115, 116, 144, 148, 149
Erziehungskontinuität 32, 34, 40, 54, 57, 82, 87
Explorationsgespräch 83, 84, 94, 95

F

Fachpsychologe für Rechtspsychologie 78
FamFG 16, 17, 43, 53, 78, 80, 83, 110, 111, 113
Familienentwicklungspsychologie 76
Familienhilfe, sozialpädagogische (SPFH) 142
Familienwohl 2
Förderungsprinzip 35, 36
Fremdplatzierung 137, 138, 140, 144, 148, 151
Fremdunterbringung 4, 12, 14, 19, 69, 139, 147–149

G

Gardner, R. 60–62, 65, 68–70
Gerichtskostenhilfe 4
Gewalt, sexuelle 140
Grundgesamtheit 88
Gutachten 6, 14, 75, 78, 79, 81, 82, 87, 90, 131, 148, 150, 153, 154, 160–162

I

ICD-10 65, 68, 72
Informationsgespräch 111
Inobhutnahme des Kindes 139
Interventionsmaßnahme 134

J

Jugendamt 9, 12, 13, 15, 18, 30, 31, 33, 34, 37, 85, 87, 106, 112, 115, 116, 122, 138–140, 143, 144, 147, 149–151, 153, 154, 161
JVEG 160, 162

K

Kinderschutzbund 15, 122, 140
Kinder- und Jugendhilfe (KJHG) 16, 17, 34, 80, 111, 123, 141, 149
Kindeswille 4, 19, 43, 47, 51, 53, 55, 57, 59, 65, 69, 87, 97, 121, 132, 133
Kindeswohl 2, 8, 13, 18, 20–23, 27, 32, 40, 45, 53, 54, 70, 80, 105, 106, 111, 114, 117, 119, 128, 133, 134, 143, 146–148, 152

Kindeswohlgefährdung 13, 15, 77, 111, 116, 117, 145, 150
Kindschaftssache 2, 6, 15, 16, 41, 78, 106, 158, 159
Kompetenz, erzieherische s. Erziehungsfähigkeit
Konstrukt 21, 27, 32, 88
Kontinuität 24, 32, 34
Kosten 13, 157, 159, 160, 162
Kränkung 107

Loyalitätskonflikt 44, 47, 49, 85, 108, 152

Mediation 3, 18, 77, 80, 110, 111, 134, 157
Misshandlung
 körperliche 140
 psychische 140
Mutwilligkeit 163

OLG (Oberlandesgericht)
 Frankfurt am Main 127, 128
 Hamburg 116
 München 124

Paartherapie 110
Parentifizierung 108
PAS 60–63, 65–70, 72

Personensorge 19, 20
Pflegeeltern, Pflegefamilie 9, 12, 19, 33, 141, 144–148, 151–155, 158
Pfleger 9, 115, 143
Prozentrangwert 88

Rechtsanwalt 13, 157, 163
Rückführung des Kindes 4, 144, 151

Sachverständiger 4, 8, 14, 46, 47, 53, 56, 64, 75–78, 80–83, 85, 86, 110, 131, 133, 148, 149, 153, 154, 160, 162
Salzgeber, J. 125
Scheidungsfolgesache 6
Scheidungsverfahren 6, 7, 106
Sorgerechtsverfahren 64, 69, 106, 116, 162
Sozialgesetzbuch (SGB 8) 9, 16, 17, 31, 138, 139, 141–143, 147, 149
Stanine-Skala 89
Statistisches Bundesamt 137, 145
STEN-Skala 89, 90

Test 21, 77, 86, 87, 90, 95, 96
Trennungs- und Scheidungsforschung 77
T-Werte-Skala 89

U

Umgang, begleiteter 122
Umgangsloyalität s. Bindungstoleranz
Umgangsmodell 117
Umgangspflegschaft 121, 122, 152
UN-Kinderrechtskonvention 21, 22
Unparteilichkeit 79, 83, 84
Urvertrauen 33, 38

V

Vereinbarung 8, 14, 111, 112, 159
Verfahren, projektives 90–92, 95
Verfahrensbeistand 7, 8, 13, 86, 87, 112, 152, 154
    Anwalt des Kindes 7, 13
Verfahrenskostenhilfe 160, 162, 163
Verfälschungstendenz 91, 95
Verhaltensbeobachtung 46, 56, 86
Vermittlungsverfahren 112, 113
Vernachlässigung 139, 140
Vormund 9, 115, 143, 151

W

Wechselmodell 35, 103, 104, 117, 126–129, 131
Wochenendregelung 120
Wohl des Kindes 1–3, 6, 17, 18, 22, 25, 26, 29, 34, 40, 52, 64, 71, 81, 82, 105–107, 116, 119, 121, 127, 132, 137–139, 143, 148, 150, 152–155
Wohlverhaltensklausel 123

Z

Zivilprozessordnung (ZPO) 16, 78, 79, 162
Zufallsstichprobe 88
Zwangsmittel 18, 139

GPSR Compliance
The European Union's (EU) General Product Safety Regulation (GPSR) is a set of rules that requires consumer products to be safe and our obligations to ensure this.

If you have any concerns about our products, you can contact us on

ProductSafety@springernature.com

In case Publisher is established outside the EU, the EU authorized representative is:

Springer Nature Customer Service Center GmbH
Europaplatz 3
69115 Heidelberg, Germany

www.ingramcontent.com/pod-product-compliance
Lightning Source LLC
LaVergne TN
LVHW020347260326
834688LV00045B/1573